LA VIE, LA MORT, LA VIE

Erik Orsenna
de l'Académie française

La vie, la mort, la vie

Louis Pasteur
1822 - 1895

Fayard

Couverture : Atelier Didier Thimonier
(Microscope ayant appartenu à Louis Pasteur)
© Bridgeman Art Library

ISBN : 978-2-213-68260-0

© Librairie Arthème Fayard, 2015

Pour François Jacob

Un climat de grandeur

Rappelons-nous, qui avons bonne mémoire, l'année 1822.

La Chine et le Japon continuent de vivre leur vie, sans guère de contact avec le reste du monde.

Çà et là, des peuples secouent le joug de leurs colonisateurs. Le Mexique et le Brésil se déclarent indépendants. Les Grecs entrent en guerre contre l'Empire ottoman. Lequel vient d'avoir chaud : les armées du shah de Perse s'apprêtaient à le balayer. Par chance, une épidémie de choléra arrête, juste à temps, leur élan.

En Afrique, d'anciens esclaves noirs-américains créent le Liberia.

En France, les ultraroyalistes tentent d'oublier ce mauvais rêve, la Révolution. Au plus vite, il faut revenir à l'Ancien Régime. Vive la Restauration ! Une société secrète résiste, on l'appelle la Charbonnerie, en référence aux producteurs de charbon de bois. Les Bons Cousins Charbonniers ont leur confrérie qui tient ses réunions au fond des forêts. À l'image de leurs collègues italiens dont le rôle sera majeur pour l'unité du royaume. Convaincus de Charbonnerie, quatre jeunes militaires, les quatre sergents de La Rochelle, sont guillotinés en place de Grève le 21 septembre.

Au chapitre des bonnes nouvelles, Paris commence à s'éclairer au gaz. Nicéphore Niépce découvre la photographie, Augustin Fresnel précise sa conception ondulatoire de la lumière, et, le 27 septembre, Jean-François Champollion annonce à ses amis érudits ébaubis qu'il sait désormais lire les hiéroglyphes.

Enfin, pour ce qui concerne la vie littéraire, Stendhal publie *De l'amour*, Victor Hugo se marie avec Adèle Foucher, et Chateaubriand devient ministre des Affaires étrangères, l'un des plus exécrables que la France ait jamais connus.

Pendant ce temps-là, Dole.

C'est peu dire que cette ville regrette le passé. L'époque où les ducs de Bourgogne l'avaient choisie pour capitale. Puis la période glorieuse où elle appartenait aux Habsbourg, qui la chérissaient.

De toutes ses forces, lors de sièges glorieux, elle avait lutté contre Louis XIV. Le grand Condé lui-même n'avait-il pas dû reculer ?

Son rattachement à la France ne lui a valu qu'humiliations : administrations et université transférées à Besançon, fortifications rasées par Vauban en personne.

Et maintenant ?

Rien qu'une petite cité remâchant ses souvenirs et riche d'à peine dix mille habitants.

Parmi lesquels Jean-Joseph Pasteur.

Lui non plus n'est pas sans nostalgie.

Tout jeune, il s'est engagé dans la Grande Armée de Napoléon. Avec exaltation il a participé aux campagnes. À vingt-trois ans, il a reçu la Légion d'honneur. Hélas, Waterloo. Puis les adieux de Fontainebleau. De son régiment, le 3ᵉ de ligne, celui qu'on appelle le « brave des braves », il ne reste plus que deux cent soixante-seize hommes. Ils étaient partis huit mille. Pas question, pour l'un de ces braves, de servir Louis XVIII.

Il faut bien se résigner à la vie civile et à ses médiocrités. Sa famille jurassienne a toujours travaillé le cuir. Le grognard se fait tanneur. D'abord chez un oncle, à Salins. Puis, pour son compte.

Dole convient à Jean-Joseph. Comme lui, elle a connu la flamme d'une aventure impériale. N'est-ce pas Charles Quint lui-même qui a voulu cette dérivation de la rivière pour alimenter la ville en cas de siège ? Et c'est au bord de cette dérivation impériale, devenue canal des tanneurs, que Jean-Joseph s'installe. Sans doute que, dans ses rêves, il rapproche l'empereur des Français de celui d'Espagne et d'Autriche-Hongrie.

Et sans doute que la modestie de son existence y trouve secrètement de l'éclat.

Entre-temps, il s'est marié avec Jeanne-Étiennette Roqui, fille et petite-fille de jardiniers.

Louis leur arrive juste après Noël, le 27 du mois de décembre 1822. Une sœur l'a précédé. Trois autres suivront. Une famille. Un foyer. Un refuge. Et de la force.

Les leçons des tanneurs

Hommage à ces artisans de grand savoir et d'incontestable utilité.

Et salut à leur vocabulaire qui raconte les différentes étapes nécessaires pour bien traiter une peau.

Le *dessaignage*, pour enlever le sang. On plonge dans l'eau courante les peaux *vertes*, ou peaux *fraîches*, celles qui proviennent d'animaux récemment abattus.

Durant le *pilonnage*, les peaux séjournent dans des cuves pleines de lait de chaux pour que commencent à s'en détacher les poils et les lambeaux de chair.

Le *débourrage* (ou *épilage*) consiste à racler les peaux côté poils (côté *fleur*) avec un couteau dit « demi-rond », car sa lame est courbe. On le tient par deux poignées.

Puis on retourne la peau côté *viande*, et on la racle avec un autre couteau nommé *faulse* : c'est l'*écharnage*.

Ensuite les peaux passent dans des cuves remplies de *jusée* : c'est une solution d'écorce de chêne broyée (le *tan*). Puis on laisse fermenter : les acides du tan rongent l'excès de chaux et les peaux gonflent.

Enfin débute le tannage, la préparation d'une sorte de hachis parmentier : on empile les peaux, séparées les unes des autres par des couches de tan. On verse de l'eau qui va dissoudre le tannin de l'écorce et en imprégner les peaux. Régulièrement, on retourne celles-ci, et on renouvelle l'eau et le tan.

Au bout de douze à dix-huit mois, selon la qualité recherchée, on retire les peaux. Il ne reste plus qu'à les suspendre pour qu'elles sèchent.

Plus tard débutera le *corroyage*, c'est-à-dire le travail du cuir : on l'étire, on l'égalise, on le polit, on le cire, on le glace, on le vernit…

Il faut imaginer le petit Louis trottinant derrière son père et suivant, fasciné, ces manipulations.

Outre une admiration éperdue pour le tanneur, il en retirera la leçon que, même après la mort, les matières continuent de se métamorphoser, d'échanger entre elles et donc de vivre.

Mais l'honnêteté oblige à dire que cette activité pue. Pire, certaines pratiques, pour le moins désinvoltes, peuvent dégoûter les âmes sensibles.

Sur le bord du canal, juste en amont de la maison des Pasteur, se tenait la boucherie principale de Dole, celle-là même où les tanneurs se fournissaient en peaux. Le propriétaire des lieux ne s'embarrassait pas de scrupules. C'est dans l'eau, faisant confiance au courant, qu'il jetait les viscères des animaux morts.

Durant les deux premières années de sa vie, Pasteur vit donc passer sous son nez un flot continu d'entrailles, parfait logis de toutes les infections possibles.

Ceux qui s'étonnent de sa passion maladive pour l'hygiène, de sa détestation d'avoir à serrer des mains dont on ne sait sur quelles surfaces elles se sont promenées, ceux-là n'ont qu'à se rappeler son premier jardin d'enfant : un canal putride.

Arbois

Certaines vies tournent autour d'un lieu comme, autour du piquet planté dans le sol, cette liane qu'est la vigne. À cette géographie ces vies s'accrochent. Elles s'en nourrissent. Elles s'y reposent. Elles y reprennent des forces pour repartir à l'assaut des jours.

La mythologie grecque a raconté ce lien vital.

Antée, roi de Libye, était fils de Poséidon, dieu des océans, et de la Terre-Mère. Il provoquait tous ceux qui s'étaient aventurés dans son royaume. Il remportait toujours ses combats, car, sitôt fatigué, il n'avait qu'à poser un pied sur son sol pour recouvrer ses forces. Son seul vainqueur sera Héraclès. Réussissant à maintenir Antée en l'air, séparé de son énergie, il l'épuisera. L'histoire convient à Pasteur, toujours accroché à son territoire et toujours prêt à ferrailler.

Après deux ans et sept mois à Dole, la famille Pasteur déménage à Marnoz, petit village près de Salins. Mais la Vache (nom du ruisseau local) manque de débit. La tannerie n'y est pas facile. Quand, non loin, une location se présente, Jean-Joseph n'hésite pas.

Et Arbois voit arriver les Pasteur durant l'année 1830.

C'est une ville active de sept mille habitants, quatre papeteries, des forges, quinze huileries, un chapelier, deux confiseurs, quatre horlogers et deux spécialités : les tournevis et le vin.

C'est aussi une ville frondeuse. N'oublions pas que nous sommes en Franche-Comté, française depuis peu. L'adjectif « franche », associé à « comté », ne signifie pas qu'on y mente moins qu'ailleurs, mais qu'on y aime plus la liberté.

1830.
Les 27, 28, 29 juillet, le peuple de Paris se soulève. Charles X cède la place à Louis-Philippe. La monarchie devient constitutionnelle, le roi n'est plus « de France », mais « des Français ».

Arbois n'est pas en reste. Au sommet du clocher flotte un drapeau tricolore. La viticulture traverse une crise. Les vignerons attendaient de la monarchie qu'elle leur accorde une baisse des taxes. Comme on la leur refuse, ils placent leurs espoirs dans la République. Il faudra du temps pour que les esprits se calment. Recevant à Poligny une délégation, le sous-préfet demande qui est le chef. « *No sin tous t'chefs* », répondent les Arboisiens – « nous sommes tous chefs ».

1838.
Louis Pasteur a seize ans.

Il est envoyé à Paris, en pension, pour mieux y préparer son baccalauréat.

Bientôt, il se ferme, ne mange plus, dort à peine. Comment nommer ce mal dont il souffre ? Mal du pays ? Besoin de sa famille ? À peine un mois passe. Un homme se présente au concierge. Il veut voir le directeur.

« Je viens chercher mon fils.
– Et pourquoi donc ?
– Il est malheureux. »

On appelle Louis. Jean-Joseph ouvre les bras. Ensemble, ils reviennent chez eux. Dans le coche, durant les deux jours de route, à quoi servirait de se parler ? Tout est dit. Peut-être que Pasteur vient de là, de ces bras ouverts, un jour d'octobre 1838 ? On n'a encore jamais mesuré la force que nous donne, pour le reste de la vie, la tendresse d'un père.

Plus tard, il lui faudra bien revenir à la capitale. Mais jamais Pasteur ne manquera son rendez-vous avec Arbois : deux mois, chaque été que Dieu fait. Sauf une année, à la suite d'une brouille avec le maire.

Pourquoi une telle fidélité ? Le souvenir de l'enfance et de la personne tant aimée de Jean-Joseph ne suffit pas à l'expliquer.

Arbois, c'est la douceur, l'arrondi des formes, un paysage bienveillant pour l'œil. Des coteaux plantés de vignes, quelques bois sur les crêtes et, dans le fond de la vallée ouverte, comme étalée, une église très haute autour de laquelle des maisons se blottissent, quelques-unes vraiment jaunes, couleur du vin local.

Lui devons-nous cette impression de soleil, même quand il pleut ?

N'oublions pas la rivière Cuisance, sans doute la bonne fée principale, celle qui donne au lieu son charme le plus fort. Ne vous y trompez pas : ce n'est pas un cours tranquille. Elle a plutôt tout d'un torrent. Elle passe en grondant entre les maisons et chute par deux fois, car la pente est raide. Une ville traversée par des cascades ne peut manquer d'énergie.

Chaque fois qu'il revenait dans sa bonne ville d'Arbois, Pasteur demandait d'abord qu'on ouvre grand les fenêtres. Il voulait retrouver le fracas du courant. Ainsi agissent les médecins angéiologues : pour savoir si rien n'obstrue le parcours du sang dans les artères, ils ne se contentent pas de scruter l'écran de l'échographe, ils tendent l'oreille. On ne scrute pas la vie seulement avec les yeux.

Je me suis fait expliquer le parcours des eaux.
La pluie s'infiltre dans le plateau. Elle en ressort en cascade. Ou, descendue plus profondément dans le calcaire, elle y forme des lacs souterrains. Ils donnent naissance à des rivières qui n'ont qu'une hâte : retrouver l'air libre, au bas des falaises.
Ainsi la Cuisance.
À la reculée de la grotte des Planches, à la reculée du Cul-des-Forges, l'eau jaillit en cascade.
Quant au principal affluent, on le voit venir au Cul-du-Bray, joli nom pour une autre reculée.

Ces trois sources sont depuis toujours des buts de promenade. Innombrables furent les enfants du cru à s'en émerveiller, dont un seul fut Pasteur. Mais ce concentré de spectaculaire et de mystère ne peut qu'avoir impressionné son âme. Rien ne ressemble plus au parcours de la vie que celui de l'eau. Même alternance d'ombre et de lumière, d'obstination et de fragilité, de fracas et de clapotis...

Au fait, qu'est-ce qu'une *reculée* ?

Née de l'érosion, une profonde entaille dans le plateau calcaire.

L'artiste

Pour apprendre à voir, quelle meilleure école que le dessin ? On y mesure à quel point le réel est divers. Et rétif à se laisser réduire à quelques lignes tracées sur une feuille.

À ses heures, Jean-Joseph s'adonne à l'art.

De ses œuvres du dimanche il ne reste qu'un seul exemple : une porte de bois sur laquelle est peinte une scène militaire plutôt sinistre. Appuyé sur une bêche, un soldat portant bicorne regarde la tombe qu'il vient de creuser.

Initié par son père, Louis se lance dans le pastel. Au lieu de mélanger les couleurs sur la palette, comme fait le peintre, vous choisissez parmi d'innombrables bâtonnets la nuance qui vous convient. Très en faveur au XVIIIe siècle, cette technique, dont le maître fut Quentin de La Tour, avait peu à peu été délaissée car la « noble poudre » issue des bâtonnets ne tenait pas. Une goutte d'eau ou le passage d'un doigt, et le travail était ruiné. À peine achevée, il fallait mettre l'œuvre sous verre.

Après quelques essais, Pasteur choisit sa mère pour premier modèle. Le résultat surprend la famille. Comment notre Louis, quatorze ans, a-t-il pu si bien saisir l'expression de notre Jeanne-Étiennette, ce regard aigu mais toujours bienveillant ?

Admiration, applaudissements. Un artiste local est né.

Pas de paysage, pas de nature morte : Louis ne s'intéresse qu'aux visages.

Tout le voisinage vient prendre la pose, proches ou notabilités d'Arbois, tel un certain Blondeau Jean-Pierre, conservateur des hypothèques.

Quand le jeune Pasteur arrive au lycée de Besançon, sa réputation l'a précédé. Chacun veut son portrait, camarade ou proviseur. Avec, pour finir, chaque fois la même exclamation : « Quelle ressemblance ! »

Il est vrai que si l'émotion manque à ces visages, si la vie semble en avoir été retirée, s'ils paraissent plus faits de cire que de chair, la précision étonne. On sent une passion pour l'observation, un œil qui s'aiguise, un regard qui, sans relâche, explore.

Cette carrière si bien partie va s'arrêter net. Dernière œuvre en 1843, presque le jour de ses vingt et un ans. C'est le portrait de Jean-Joseph, son père. Sa tête sort d'une veste à grand col. Dans ses yeux, l'étonnement se mêle à un début de sourire. *Il y a un temps pour tout*, dit l'Écriture. Un temps pour l'art : il est fini. Commence le temps pour la science.

Tout au long du reste de sa vie il ne cessera de croquer ce qu'il observe au travers du microscope, mais il en confiera le dessin à des professionnels, dont Lackerbauer.

Et à Monet et Manet, qu'il aimera aussi peu l'un que l'autre, il préfère Auguste Pointelin. En même temps qu'il devient l'ami de Nadar et de son objectif.

Éloge de l'acharnement

D'abord élève médiocre, Louis se réveille peu à peu. Certains parents, dépités par les résultats pitoyables de leurs rejetons, apprendront sans déplaisir que Pasteur fut recalé à sa première tentative pour décrocher le baccalauréat ès sciences mathématiques. Ce diplôme était exigé pour présenter les grands concours. Ne t'en fais pas trop, mon fils, ma fille. Seulement, n'oublie pas que Pasteur, lui, s'est obstiné.

Dépourvu de dons particuliers, il s'acharne. Surtout en mathématiques qui, décidément, lui « dessèchent le cœur ».

Chaque matin, il se fait réveiller à cinq heures par le veilleur du collège de Besançon : « Allons, monsieur Pasteur, chassons le démon de la paresse ! »

D'Arbois, Jean-Joseph s'inquiète : « Arrête un peu ! Ce rythme n'est pas raisonnable. Ménage ta santé. »

Décidément, pas meilleur père que cet homme-là. Il sait écouter et poser, quand il le faut, la main sur l'épaule. C'est un père qui toujours préférera son fils à toutes les hautes ambitions qu'il a pour lui.

Arrivé à Paris pour continuer sa scolarité au lycée Saint-Louis, Louis redouble d'efforts. Aucune tentation de la capitale ne le détourne de son but. Ses seuls moments libres, il les emploie à écrire à sa famille. Outre des échanges quasi quotidiens avec son père, il se préoccupe de ses sœurs, qui n'ont pas pour le travail le même goût (loin de là !). Et voici les propos qu'il leur tient. Il a dix-huit ans. Elles respectivement quinze et quatorze ans :

> « C'est beaucoup, mes chères sœurs, que de vouloir ; car l'action, le travail suit toujours la volonté et, presque toujours aussi, le travail a pour compagnon le succès. Ces trois choses : la volonté, le travail, le succès, se partagent toute l'existence humaine. La volonté ouvre la porte aux carrières brillantes et heureuses ; le travail les franchit, et une fois arrivé au terme du voyage, le succès vient couronner l'œuvre...
> « Si par hasard vous chanceliez dans votre voyage, une main serait là pour vous soutenir. [...]
> « Puissent mes paroles être senties et comprises par vous, mes chères sœurs ! Gravez-les dans votre âme. Qu'elles soient votre guide. Adieu. Votre frère. »

Cette application finit par payer, mais lentement. Comme à regret. Comme si la science rechignait à bien vouloir admettre le jeune Louis dans son royaume.

Si, en 1842 (il a déjà vingt ans), il est finalement reçu au baccalauréat ès sciences, c'est avec une mauvaise note en chimie !

Déclaré peu après admissible à l'École normale, son rang est jugé par lui trop médiocre (15e sur 22) pour avoir une chance d'obtenir une bourse. Il préfère se retirer.

Il se remet au labeur, auquel s'ajoutent les heures de cours qu'il dispense aux plus jeunes élèves pour payer ses études.

Enfin, à la fin de l'été 1843, l'École normale le reçoit 4ᵉ de la section scientifique. Il est tellement joyeux, sitôt reçue la bonne nouvelle, qu'il court sonner à la porte de la rue d'Ulm pour s'y installer. L'École est vide. La rentrée n'aura lieu qu'un mois plus tard. On va quand même lui trouver un lit.

Il devient agrégé de physique. Lors du concours, ses présentations ont été fort appréciées. On lui prédit un bel avenir de professeur. Son père rêve de le voir revenir en Franche-Comté pour y enseigner.

Et pourquoi pas au collège d'Arbois ? Mais Louis Pasteur a d'autres projets.

Il bataille pour obtenir à l'École un poste d'agrégé-préparateur. C'est la porte ouverte sur la recherche.

Antoine Jérôme Balard lui propose de travailler à ses côtés comme assistant. Pharmacien et chimiste, découvreur du brome, membre de l'Académie des sciences, cet homme-là est très lié aux milieux de l'industrie puisqu'il a participé à la création des Salins du Midi : impossible de trouver meilleur patron.

La vraie vie commence. Prendre femme ? Il n'y pense pas. Aucune ne supporterait l'existence qu'il se prépare, totalement vouée au travail. Sa chère sœur Joséphine s'occupera très bien de son ménage.

Soyez bénis, mes chers parents

Quarante ans plus tard.
Dole. 14 juillet 1883.
La ville se rend en cortège devant la maison natale du grand homme où l'on va dévoiler une plaque commémorative.

« Monsieur, vous êtes un bienfaiteur de l'humanité », dit le maire.

« Au nom du gouvernement de la République, je salue l'inscription qui rappelle que dans cette petite maison de cette petite rue... », poursuit le directeur des Beaux-Arts, un certain M. Kaempfer (il représente le président du Conseil).

C'est maintenant au tour de Pasteur de prendre la parole :

> « Votre sympathie a réuni sur cette plaque commémorative les deux grandes choses qui ont fait à la fois la passion et le charme de ma vie : l'amour de la science et le culte du foyer paternel.
>
> « Ô mon père et ma mère ! Ô mes chers disparus qui avez si modestement vécu dans cette petite maison, c'est à vous que je dois tout ! Tes enthousiasmes, ma vaillante

mère, tu les as fait passer en moi. Si j'ai toujours associé la grandeur de la science à la grandeur de la patrie, c'est que j'étais imprégné des sentiments que tu m'avais inspirés.

« Et toi, mon cher père, dont la vie fut aussi rude que ton rude métier, tu m'as montré ce que peut faire la patience dans les longs efforts. C'est à toi que je dois la ténacité dans le travail quotidien. Non seulement tu avais les qualités persévérantes qui font les vies utiles, mais tu avais aussi l'admiration des grands hommes et des grandes choses.

« Regarder en haut, apprendre au-delà, chercher à s'élever toujours, voilà ce que tu m'as enseigné. Je te vois encore, après ta journée de labeur, lisant le soir quelque récit de bataille d'un de ces livres d'histoire contemporaine qui te rappelaient l'époque glorieuse dont tu avais été témoin. En m'apprenant à lire, tu avais le souci de m'apprendre la grandeur de la France.

« Soyez bénis l'un et l'autre, mes chers parents, pour ce que vous avez été, et laissez-moi vous reporter l'hommage fait aujourd'hui à cette maison. »

Un bon mariage

La recherche, Pasteur veut s'y donner corps et âme. Mais un normalien a d'abord pour fonction d'enseigner. L'administration l'a donc nommé au lycée de Dijon. Pasteur estime avoir d'autres missions que passer son temps à tenter d'apprendre quelques rudiments de physique à des classes surpeuplées.

Il se démène comme un beau diable, fait jouer tous ses appuis. Tant et si bien qu'on lui accorde un poste de professeur suppléant de chimie à la faculté des sciences de Strasbourg. Il ne sera resté que trois mois dans l'enseignement secondaire.

Chaque dimanche soir, M. Laurent, le recteur, reçoit ses professeurs.

Avec une attention particulière portée aux plus jeunes, car il a deux filles à marier : Amélie et Marie.

Réunion informelle. On parle, on rit, on fait connaissance, on picore des petites saucisses, on boit de la bière, peut-être du mousseux. On est en famille. Pasteur se présente. Nous n'avons aucun récit de cette première rencontre. Rien n'indique qu'il ait plus parlé à Marie qu'à sa sœur Amélie.

Mais, le lendemain, il écrit au recteur :

« Monsieur,
Une demande d'une haute gravité pour vous et pour votre famille vous sera faite sous peu de jours... »

Fin février 1849, Jean-Joseph arrive chez M. Laurent : « Accepteriez-vous de bien vouloir donner votre fille à mon fils ?

— C'est à elle de choisir », répond ce père résolument moderne.

Il n'est pas sûr qu'il sache laquelle de ses filles est concernée. Jean-Joseph lève l'ambiguïté : il s'agit de Marie.

Terrible mois de mars, pour Pasteur, car la décision de l'intéressée tarde. « Depuis la mort de ma pauvre mère, je n'avais jamais tant pleuré que ces dernières nuits. »

Enfin, le 2 avril, Marie se déclare. C'est oui, « de bon cœur ».

Dès le lendemain, Pasteur a repris ses esprits. Il fait porter un message à sa future belle-mère :

« Auriez-vous l'obligeance de m'indiquer le jour et l'heure précis où vous me recevrez pour que, dans l'intervalle, je puisse être à mon travail ? »

Le 29 mai, grandes orgues, échange des anneaux et des consentements.

Comment expliquer une telle précipitation ?

Une seule hypothèse : le coup de foudre.
Mais nous ne sommes guère plus avancés.

Car pour qui, le coup de foudre ?

Pour Mlle Amélie, la plus jeune des demoiselles Laurent disponibles (la troisième étant déjà casée) et la plus jolie ?

Pour sa sœur Marie ?

Faute d'avoir osé tenter sa chance avec la première ; ou bien obligé, ayant été dédaigné par celle-là, de se rabattre sur celle-ci ; ou encore, sincèrement et directement séduit par cette moins belle mais plus sérieuse, moins frivole ; ou enfin, guidé vers elle par le très sage et clairvoyant monsieur le recteur ?

Pour la famille Laurent ?

Ses qualités morales l'ont séduit (goût de la perfection, simplicité d'âme). Et son utilité sociale n'est pas à négliger (un recteur est à même de favoriser une carrière).

Même si la connaissance est le personnage principal de cette petite biographie, laissons sa part au mystère : ils sont si rares les bons mariages. Et celui-ci satisfait aux critères les plus communément admis :

1) La durée : quarante-cinq ans et sept mois, seulement abrégée par la mort de l'époux.

2) La fécondité : cinq enfants.

3) Le partage : entier. Louis et Marie auront tout partagé : les drames, les doutes, la gloire. Les travaux de recherches, les missions en province, les réponses aux adversaires.

Partage veut aussi dire répartition des rôles. Celle-ci fut claire dès le début. On entre chez Pasteur comme en religion. À lui, la science. L'humanité souffrante l'attend. À elle, la protection du grand homme et l'organisation de sa vie afin que rien ni personne ne vienne le distraire une seule minute de

son grand œuvre. Il est perdu sans elle. Elle s'est oubliée pour lui.
4) La fidélité.
Si ce mot veut dire ne pas aller coucher ailleurs, tous les indices portent à croire que ces deux-là se contentèrent sexuellement l'un de l'autre. Contrairement à son rival germanique Koch, Pasteur n'était pas du genre à perdre son énergie à lutiner puis épouser une quelconque actrice bien plus jeune.
Quant à prétendre que Marie occupait jour et nuit l'esprit de Pasteur, la disposition des chambres dans la maison d'Arbois répond d'elle-même. Celle de Louis donne bien sur celle où dort sa femme. Mais un verrou la protège d'éventuelles irruptions nocturnes.
Alors que, de l'autre côté, vers le laboratoire, c'est-à-dire vers la connaissance, la porte est libre d'accès.
C'est d'ailleurs la plus vaste pièce de la maison, et la plus lumineuse.

En bref, s'aimaient-ils ?
À cette question, comment mieux répondre que par une autre : qui peut prétendre qu'ils ne s'aimaient pas ? Certains – surtout certaines – s'exclameront que Marie a mené une vie d'esclave. Ce fut loin d'être le cas. Les amis du couple parlaient d'elle comme d'une « rude bonne femme ». Et si les indifférences se ressemblent toutes, les manières d'aimer suivent chacune leur propre chemin.
De quel droit interdire l'un de ces chemins, qui est la servitude volontaire ? Surtout lorsque le maître, toujours affectueux, toujours respectueux, a pour seule ambition de comprendre les mécanismes de la vie ?

Le mystère des jumeaux

Les cristaux sont des minéraux naturels, durs et transparents.

C'est en les étudiant que Pasteur commence ses travaux de recherche. Qui aurait pu prédire qu'à partir de ces petits cailloux inanimés son voyage dans la connaissance le mènerait si loin ? Au cœur des mécanismes de la vie et jusqu'au traitement de tant de maladies, dont la rage ?

Pour l'heure, dans le laboratoire de l'École normale, il passe derrière son microscope tout le temps libre que lui laisse l'enseignement.

Et il regarde.

On dirait des jumeaux tellement ils se ressemblent. L'analyse chimique confirme l'apparence. Ils ont la même composition moléculaire : 4 atomes de carbone, 6 d'hydrogène et 6 d'oxygène.

L'acide tartrique a été découvert dans le tartre, cette croûte blanche qui se dépose à l'intérieur des tonneaux de vin. C'est le plus abondant des acides présents dans le raisin. C'est lui qui donne au vin son acidité. Il sert à de nombreux usages, dont la fixation des couleurs sur les étoffes. Il se présente sous la forme de petits diamants incolores, des cristaux qu'on a baptisés *tartrates*. Le tartrate est le premier de nos jumeaux.

Le second jumeau, on l'a baptisé, sans beaucoup d'imagination, *paratartrate*. Ses cristaux viennent d'un autre acide qu'on a nommé *acide racémique*. On ne contrôle pas bien sa fabrication. Il apparaît presque par hasard. D'où sa rareté.

La seule façon de distinguer les deux jumeaux, le cristal de tartrate et le cristal de paratartrate, est de leur faire subir le test de la lumière.

Depuis quelques décennies déjà, les chimistes se passionnent pour ces jeux d'optique. Sans bien savoir pourquoi ni comment, ils pressentent qu'en observant le parcours d'un rayon lumineux lorsqu'il traverse une matière celle-ci ne pourra que révéler les secrets les mieux cachés de son intimité.

En traversant une solution de tartrate, le plan que suit la lumière est dévié vers la droite. Tandis que son parcours reste rectiligne lorsqu'elle transperce le paratartrate.

Comment deux matières semblables peuvent-elles, face à la lumière, se comporter de manière si différente ?

Pasteur va s'attaquer à cette énigme qui défie les savants.

À force de passer des heures et des heures à observer les deux cristaux jumeaux, il finit par leur trouver des différences. Au sommet de leurs arêtes se trouvent de minuscules facettes qui ne sont pas disposées de la même manière.

Cette différence pourrait-elle expliquer ces deux parcours de la lumière ?

Plusieurs fois il recommence l'expérience.

L'hypothèse est validée.

Il ne reste plus qu'à porter la bonne nouvelle à Jean-Baptiste Biot, maître et précurseur en ce domaine. Pasteur court à son domicile, au Collège de France où il enseigne.

Devant le savant, tremblant d'excitation, il refait ces expériences.

Le vieux professeur Biot saisit le bras de son ancien élève : « Mon cher enfant, j'ai tant aimé la science que cela me fait battre le cœur. »

L'histoire des deux jumeaux ne s'arrête pas là. En perçant le mystère du tartrate et du paratartrate, Pasteur a créé une nouvelle science, rien de moins : la *stéréochimie,* l'« étude de la disposition dans l'espace des atomes d'une molécule ». De cette disposition dépendent les propriétés optiques et chimiques de cette molécule.

Maintenant qu'il a livré une bonne part de ses secrets, il faut que le paratartrate (l'acide racémique) accepte de se laisser fabriquer.

Une motivation supplémentaire anime alors Pasteur. La Société de pharmacie vient d'annoncer qu'elle offrira un prix de 1 500 francs à celui qui parviendra à le produire.

Une mission officielle lui est trouvée (visiter les laboratoires allemands). Il part le 9 septembre 1852.

Il a trente ans. Une ambition féroce, la passion de comprendre. Et une très récente épouse qui, de Paris, a tout organisé.

« À toi et à la Science pour la vie » : ainsi conclut-il les lettres que, chaque jour, il lui envoie. La conviction est déjà bien ancrée en lui qu'il faut rencontrer pour avancer, aller sans cesse sur le terrain au lieu de rester confiné dans un laboratoire.

Bruxelles, Cologne, Hanovre, Leipzig, Trieste (sans prendre le temps d'aller saluer Venise). Un mois durant, il court après la pierre philosophale, cet insaisissable paratartrate. Ici et là, il en découvre des traces. Pourtant aucun industriel ne peut le renseigner sur sa production.

Il voudrait étendre son enquête à l'Angleterre, à l'Espagne. Mais comment financer ces nouveaux voyages ?

La rumeur veut qu'à Vienne un certain docteur Rassman produit du racémique depuis longtemps. Il se précipite. En l'écoutant présenter ses travaux, Pasteur est soulagé, il voit que Rassman s'est un peu vanté : le processus n'est pas encore maîtrisé. Mais l'Autrichien est sur la piste. Il faut rentrer en France et redoubler d'ardeur au travail.

Retour à Strasbourg où Pasteur doit continuer à enseigner.

Lettre expresse à Marie, restée à Paris :

> « D'autre part, mes affaires sont (au moins plusieurs) en mauvais état. J'ai besoin de toi pour y mettre ordre...

Je t'ordonne expressément de prendre un convoi express et les premières places, et de partir le soir. Tu placeras ton fils auprès de toi sur un coussin. Il dormira parfaitement, et toi également. On s'arrête seulement à quelques stations. Tu seras à Strasbourg presque sans avoir eu le temps de songer au voyage. Je t'ordonne d'agir ainsi. Je ne te reçois pas si tu es en 2ᵉ classe. Je ne ris pas du tout. Tu recevras cette lettre après-demain matin samedi. Tu partiras par le convoi-poste du samedi soir qui n'a que des premières, et tu seras ici dimanche matin... Si j'ai de bonnes chaussures, apporte-les-moi. Mes souliers et mes guêtres, surtout. Idem : souliers vernis ou bottes. Je pense que tu as tout le temps de te préparer à partir samedi soir. Tu ne peux pas tarder davantage. Je n'ai pas de temps à perdre. »

Huit mois plus tard, Pasteur télégraphie à Biot :

« Je transforme l'acide tartrique en acide racémique. Faites passer la nouvelle. »

Le milieu scientifique applaudit. On commence à se rendre compte qu'il y a du génie chez ce jeune homme.

Brève histoire du microscope

Puisque Pasteur va désormais passer une bonne partie de sa vie la pupille rivée à son œilleton, autant savoir d'où vient cet instrument magique.

Depuis la nuit des temps, les hommes avaient remarqué qu'en regardant à travers certaines substances, par exemple l'eau ou le verre, les petites choses paraissaient plus grosses, les lointaines, plus proches.

Les amateurs d'histoire et de ses cruautés savent que le terrible empereur Néron souffrait de myopie. Pour ne rien manquer de son spectacle favori, la lutte à mort des gladiateurs, il tenait devant son œil une lentille d'émeraude. Il mériterait ainsi le titre d'inventeur des lunettes, même s'il faut attendre le XIIIe siècle pour que l'Anglais Roger Bacon signale la possibilité de corriger ainsi les défauts de la vision.

Chemin faisant, saluons ce moine franciscain surnommé « *doctor mirabilis* » (1214-1294). Il fut l'un de ceux qui ouvrirent les portes à la Renaissance. Théologien, philosophe, mathématicien, physicien, astronome, astrologue et, bien sûr, alchimiste, il franchissait avec allégresse les frontières du savoir. Non sans risque ; condamné pour hérésie et blasphème, il connut souvent la prison. Premier défenseur de l'expérimentation pour établir la vérité, on peut le considérer comme le précurseur direct de Claude Bernard et de Pasteur.

Les Hollandais vont prendre le relais. Quand on habite un petit pays, autant n'en rien manquer. Et c'est une famille de lunettiers, les Jansen, qui, vers 1590, vont fabriquer des loupes améliorées, c'est-à-dire les premiers microscopes.
L'optique devient l'une des grandes spécialités des Pays-Bas.
Lorsqu'il se fait exclure de la communauté juive d'Amsterdam pour ses opinions matérialistes (n'a-t-il pas résumé sa pensée en une formule aussi lapidaire qu'hérétique : *Deus sive Natura* – « Dieu, en d'autres termes, la Nature » ?), Spinoza s'installe à Leyde, puis à La Haye. Il y partage son temps entre deux activités qui, à la réflexion, ne sont pas sans lien : la méditation philosophique et le polissage des lentilles.

Antonie Van Leeuwenhoek (1632-1723) habite la bonne ville de Delft, si chère à Vermeer. Marchand drapier, « jaugeur de vin », géomètre, fonctionnaire municipal, ces différentes occupations ne l'empêchent pas de passer le plus clair du temps courbé sur un microscope dont il a lui-même beaucoup accru la puissance. Et ce qu'il voit, il le raconte dans des lettres, plus de trois cents, envoyées à la Royal Society de Londres : structure des étoffes ; dessins des moisissures ; description de ces animaux infimes qu'on appellera plus tard bacilles ; découverte, dans la semence masculine, de ces minuscules et très actifs têtards, les spermatozoïdes... Bientôt célèbre, il reçoit chez lui de considérables visiteurs : Marie II d'Angleterre, Frédéric Ier de Prusse, le tsar de Russie, Pierre le Grand, lequel fut, dit-on, fasciné par le spectacle de la circulation sanguine dans la queue d'une anguille.

Viendront ensuite l'électronique et d'autres machines à voir beaucoup mieux encore, mais ces Hollandais avaient, en accroissant le champ du visible, ouvert les portes d'un nouveau monde : celui de l'infiniment petit.

Voyages aux sources de la vie (I)

1 854.
Lille devient l'un des pôles d'une économie française en plein essor. Les mines de charbon sont toutes proches, celles de fer pas beaucoup plus loin. La métallurgie, la chimie, la mécanique en profitent. Le textile n'arrête pas de se développer. Quant à l'agriculture, elle repose sur la betterave. Vive le sucre ! Mais n'oublions pas le houblon, ni l'orge ! Le Nord a toujours aimé la bière. Distilleries et brasseries prospèrent.

Napoléon III vient d'accéder au pouvoir. Il y a du Colbert chez cet empereur. De toutes ses forces il favorise l'industrie nationale.

Ainsi décide-t-il de créer, à Lille, une nouvelle université dédiée à la science et à la technique.

Et c'est le jeune Pasteur qu'on va nommer doyen.

Lors de son récent tour des laboratoires européens à la recherche de l'acide racémique, il s'est forgé une conviction : la science ne doit pas être une discipline quasi esthétique, une sorte d'art pour l'art. Il faut toujours trouver des applications *concrètes* aux progrès de la connaissance. « L'arbre n'est pas séparable des fruits qu'il porte. »

À peine nommé, il visite les usines et, à la stupeur de ses collègues enseignants, il les fait découvrir à ses étudiants. Il leur apprend qu'aimer la réussite économique n'est pas une maladie honteuse.

Séduits par cette approche, si rare chez les savants, les industriels ne tardent pas à lui confier leurs difficultés et à lui demander conseil.

La première requête émane des betteraviers.

Pourquoi l'alcool sorti de leurs distilleries sent-il si souvent mauvais ? Pourquoi sa piètre qualité décourage-t-elle la clientèle ?

Pasteur avait cherché l'originalité de la vie dans la dissymétrie des cristaux. Voici que, pour répondre aux questions posées par les Lillois, il va plonger dans une de ses manifestations les plus générales : la fermentation.

Comment expliquer cette sourde activité qui transforme le sucre de betterave en alcool, le vin en vinaigre, l'orge en bière ? Quelle est la force qui fait lever le pain et tourner le lait ? Ne serait-ce pas le même mécanisme qui putréfie les cadavres ?

Pasteur n'est pas le premier à s'intéresser à ces mystères.

Depuis l'Antiquité on leur a prêté toutes sortes de causes fantaisistes, alchimiques ou autres. Plus tard, des chimistes se sont acharnés à leur trouver des explications plus rationnelles. Les Allemands Schwann, Schivann et Mitscherlich ont ainsi commencé à repérer le rôle joué par certains micro-organismes.

Avec pour seul allié son cher microscope, Pasteur poursuit leur travail. Il s'installe dans une usine. Plus rien d'autre n'existe pour lui que ses recherches. Il a réussi à regrouper ses cours de chimie sur un seul jour de la semaine.

D'abord, il va s'occuper du jus de betterave.

Dans les cuves qui se mettent à empester, apparaissent, parmi les levures, de longs bâtonnets. Que sont ces bâtonnets ? Des bactéries ? Seraient-elles responsables de l'infection du jus de betterave ?

Un nouvel univers s'ouvre à Pasteur, autrement plus mouvant, plus *vivant* que le spectacle donné par ses chers cristaux.

Qu'est-ce que la fermentation ?
Une affaire d'énergie.
Sans énergie, nul organisme ne peut se développer. La cellule n'échappe pas à cette règle. Quand elle dispose d'oxygène, elle le transforme en cette énergie dont elle a besoin. Tout comme nous, la cellule *respire*.

Mais que se passe-t-il quand l'oxygène vient à manquer ?

La cellule active son plan B : la fermentation. Puisque le sucre est là, présent dans le jus des fruits, les levures s'en emparent. Se déclenche alors une chaîne de réactions chimiques qui vont produire l'énergie nécessaire et l'alcool.

Les organismes morts font de même : quand ils ne sont plus alimentés en oxygène par le sang, ils entrent en putréfaction.

Multipliant les expériences sur différents liquides, Pasteur parvient à démontrer que *toutes* les fermentations sont l'œuvre d'un petit être *vivant*, le ferment. Ce peut être une levure (minuscule champignon unicellulaire) ou une bactérie.

Il prouve aussi que chaque fermentation est due à un ferment particulier. C'est une levure qui change l'orge en bière. C'est une bactérie qui fait tourner le lait.

Il décrit les deux modes de vie des ferments : la plupart ne supportent pas l'oxygène alors que certains en ont besoin.

Enfin, il réussit à mettre en culture les microorganismes prélevés dans le lait tourné. Il suffit de les ensemencer dans un milieu qui leur apporte assez de nourriture. Leur multiplication peut devenir vertigineuse.

À ceux qui en douteraient encore, cette capacité de se reproduire montre bien qu'ils sont vivants. Et que, dans son ensemble, la fermentation est un des mécanismes de la *vie*.

Impressionnants résultats d'un travail acharné !

Les betteraviers et les brasseurs chantent les louanges de Pasteur. Et vive l'empereur, qui ne pouvait trouver meilleur doyen pour lancer cette nouvelle université !

Personne n'imagine que derrière ces victoires industrielles du chercheur se profile une révolution.

Après avoir bouleversé la chimie en lui faisant subir l'épreuve de la lumière, Pasteur chamboule à nouveau la science en la forçant à ouvrir grand ses portes au vivant. Après la stéréochimie, il vient de créer une deuxième science : la *microbiologie*.

Merci au jus de betterave !

En acceptant de livrer ses secrets, il ouvre la voie qui conduira plus tard aux maladies infectieuses.

*
* *

1863-1864.

Et le vin ?

Pasteur ne connaît que lui : c'est le personnage principal en Arbois. Une vedette au caractère imprévisible. Le plus souvent séducteur et bon enfant, il enrichit ceux qui le produisent, car il émerveille ceux qui le goûtent. Mais, soudain, on ne sait quelle mouche le pique, il s'énerve, se brouille, vire à l'acide et ruine sans prévenir les vignerons qu'il a pris en grippe.

L'empereur ne supporte plus ces fantaisies. Une nouvelle mission est confiée au savant : réguler l'humeur de cet agité. Ce genre de caprices coûte trop à la nation.

Sans tarder, Pasteur débarque avec trois collaborateurs. Faute de laboratoire, ils installent leurs tubes à essai et leurs cornues sur le zinc d'un café. Les habitués s'étonnent, mais comprennent : si c'est pour la santé du vin… Sans trop grommeler, ils vont ailleurs lever le coude.

L'enquête commence. L'un après l'autre, les vignerons racontent. À partir de ces récits la conviction de l'équipe se confirme : le vin, lui aussi, est vivant. Et c'est justement parce qu'il est vivant que des maladies le frappent.

Pouvez-vous, demande Pasteur, m'en dire les jolis noms et m'en expliquer les symptômes ?

La *fleur* : de petites particules blanches forment un voile sur la surface.

La *piqûre* : le vin prend le goût et l'odeur du vinaigre (les pédants préfèrent dire *acescence*).

La *tourne* : du CO_2 se dégage des cuves.

La *graisse* : le vin s'écoule comme de l'huile.

Près d'Arbois, Pasteur s'achète une vigne pour y mener plus tranquillement ses expériences. Et, comme à son habitude, il passe ses jours derrière son microscope.

Pauvre vin, en l'accusant trop vite on a failli commettre une grave erreur judiciaire ! Les coupables de tous ces dérèglements ne tardent pas à être démasqués : des filaments, autrement dit des champignons minuscules. Toujours les mêmes représentants de ce peuple de tout-petits dont la nuisance se révèle décidément sans limites. Ces parasites viennent sans doute de grains de raisin atteints de pourriture, ou de l'air ambiant.

Comment s'en débarrasser ?

À travers les vitres de l'ex-café, la petite ville regarde discuter les savants. Quand leur ardeur semble sur le point de décliner, une bonne bouteille, offerte par l'un ou l'autre des viticulteurs, surgit pour la ranimer.

Lui doit-on l'idée lumineuse qui va alors germer dans le cerveau de Pasteur ?

« Et si nous faisions subir à ces maudits animalcules un bon coup de chaleur ? »

L'un des collaborateurs remarque qu'un certain Alfred de Vergnette de Lamotte, polytechnicien et propriétaire sur la côte de Beaune, a déjà défendu cette méthode mais sans en donner d'explication scientifique. Par chance, il se retient juste avant que ce très long patronyme ne franchisse le barrage de ses dents. Pasteur déteste être devancé. Pourquoi gâcher l'ambiance de cette journée qui s'annonce historique ?

On s'active pour tenter l'expérience.

Déjà une autre idée vient compléter la première : et si, pour empêcher une bonne fois ces bestioles de revenir, on les privait d'oxygène ?

Aussitôt dit, aussitôt fait.

Succès total. Applaudissements de la population, soulagement des vignerons, satisfaction de l'empereur. Peut-être même invitera-t-il le maître – en guise de récompense – à passer une semaine entière à la cour de Compiègne ?

Un brevet sera déposé.

À bientôt, Arbois ! Rendez-vous l'été prochain !

Sous les vivats, Pasteur et sa troupe reprennent la calèche, puis le train pour Paris.

Décidément, le domaine de la vie est bien plus large qu'on ne croyait.

Plus tard, des Hongrois (ou des Allemands) baptiseront « pasteurisation » la méthode. Bel et légitime hommage !

Ministère
de l'Agriculture, du Commerce
et des Travaux publics.

Durée : *quinze* ans.

N° 67006.

Loi du 5 juillet 1844.

EXTRAIT.

Art. 32.

[small print article text]

Art. 33.

[small print article text]

Brevet d'Invention

sans garantie du Gouvernement.

Le Ministre Secrétaire d'État au département de l'Agriculture, du Commerce et des Travaux publics,

Vu la loi du 5 juillet 1844;

Vu le procès-verbal dressé le 11 avril 1865, à 2 heures 45 minutes, au Secrétariat général de la Préfecture du département de la Seine et constatant le dépôt fait par le S^r

Pasteur

d'une demande de brevet d'Invention de *quinze* années, pour *un procédé relatif à la conservation des vins*.

Arrête ce qui suit :

Article premier.

Il est délivré au Sr Pasteur (Louis), membre de l'Institut, à Paris, rue d'Ulm, 45,

sans examen préalable, à ses risques et périls, et sans garantie, soit de la réalité, de la nouveauté ou du mérite de l'invention, soit de la fidélité ou de l'exactitude de la description, un brevet d'Invention de *quinze* années, qui ont commencé à courir le 11 avril 1865, pour *un procédé relatif à la conservation des vins*.

Article deuxième.

Le présent arrêté, qui constitue le brevet d'Invention, est délivré au Sr Pasteur

pour lui servir de titre.

A cet arrêté demeurera joint un des doubles de la description déposés à l'appui de la demande, la conformité entre les pièces descriptives ayant été dûment reconnue.

Paris, le vingt-deux juin mil huit cent soixante-cinq.

Pour le Ministre et par délégation
Le Directeur du Commerce intérieur,

Un *immense* ami

Commence l'un des plus grands voyages humains vers la connaissance. Grâce à l'observation, grâce à l'expérimentation.

Sur ce chemin, quelqu'un a montré l'exemple : Claude Bernard. Ce fils de vignerons du Beaujolais, né neuf ans avant Pasteur, s'était d'abord rêvé auteur de théâtre. Il n'avait pas l'âme pour cela, dirent les critiques : « Vous avez trop de gentillesse en vous. » Ni son vaudeville *Rose du Rhône*, ni son drame en cinq actes *Arthur de Bretagne* n'ayant rencontré le succès escompté, il s'est tourné vers la médecine.

Qu'il va révolutionner.

Avant lui, on se contentait de décrire. Et, pour expliquer, on convoquait de vieilles histoires, mi-magiques, mi-religieuses. Claude Bernard veut savoir comment fonctionnent les organismes. Qu'importe l'inconfort scandaleux des galetas qu'on lui offre comme laboratoires, des soupentes mal éclairées, des recoins nauséabonds, il y passe ses jours et une bonne partie de ses nuits. En compagnie d'animaux, le plus souvent des chiens. Pauvres bêtes ! Elles sont mal tombées, chez ce curieux qui veut tout savoir d'elles.

Pour cela, Claude Bernard les ouvre, les pique, les démonte et les remonte, comme un moteur. Seule l'intéresse la mécanique du vivant.

Les souffrances des pauvres bêtes ne seront pas vaines.

La liste des seuls titres de ses découvertes occupe deux cent vingt-sept pages.

À quoi sert le pancréas ?

Comment le foie fabrique le sucre ?

Quelles relations entre le diabète et un certain lobe du cerveau ?

Quelles conséquences entraîne la section du nerf sympathique cervical ?

Comment le poison curare paralyse-t-il les mouvements ?

Par quelles voies le CO_2 bloque-t-il la respiration ?

Outre ces innombrables avancées, on lui doit la notion centrale d'*homéostasie* : capacité d'un système à conserver son équilibre en dépit de contraintes extérieures changeantes. En d'autres termes, c'est l'équilibre dynamique qui nous maintient en vie.

À tant travailler, sa santé s'étiole.

En 1865, ses médecins lui ordonnent un long repos qu'il va prendre en Beaujolais. Il en profite pour écrire son *Introduction à l'étude de la médecine expérimentale*. Une étape de même importance, pour la conduite de la raison, que l'ouvrage majeur de Descartes, *Le Discours de la méthode*.

« L'idée, c'est la graine ; la méthode, c'est le sol » (Claude Bernard).

Tel fut l'immense ami de Pasteur.

Le partenaire irremplaçable pour échanger des idées et des hypothèses, l'allié dans les batailles entre scientifiques, le compagnon des bons et des mauvais jours.

Parlaient-ils ensemble de leurs femmes ?

Comparé à Marie, la sainte, Fanny, née Martin, n'est guère appréciée par cette catégorie d'historiens spécialisés dans les rubriques biographiques des épouses de savants. Ils disent la dame acariâtre et méprisante. Il faut préciser qu'elle aimait les animaux.

Claude Bernard profita de son élection à l'Académie française pour – au grand soulagement de ses proches – s'en séparer. Les voies de la liberté sont impénétrables.

Intermède : la vie militaire

En reconnaissance de ces succès, le ministre de l'Instruction publique et des Cultes nomme Pasteur administrateur et directeur scientifique de l'École normale.

À peine arrivé rue d'Ulm, il y instaure une discipline quasi militaire. Dans son esprit, les normaliens sont payés et formés pour travailler et pour obéir. D'où une série de mesures immédiates qu'il estime nécessaires :
- Livres jugés « inutiles » retirés de la bibliothèque. À quoi peuvent bien servir certains romans, dont *Les Mystères de Paris* d'Eugène Sue, par ailleurs violent antibonapartiste ?
- Contrôle strict de l'habillement. Paul Vidal de La Blache, le futur géographe, est ainsi sanctionné pour tenue inconvenante, l'« attitude abandonnée de quelqu'un qui pense à autre chose ».
- Lutte systématique contre différentes pertes de temps : consignes données pour réduire la durée de la toilette, limitation des permissions de sortie sans justification de leur nécessité ;

- Obligation d'assister deux fois par jour aux prières ;
- Interdiction de fumer ;
- Ragoût de mouton servi tous les lundis (représailles contre les élèves l'ayant précédemment décrété immangeable).

Les normaliens grondent, surtout les « littéraires ».
La tension monte. La crise éclate à propos d'une bibliothèque à... Saint-Étienne.
La municipalité vient de décider d'y accueillir Voltaire, Balzac, Michelet et Renan. Certains notables locaux écrivent alors au Sénat pour protester : « Ces auteurs sont des ennemis de la civilisation chrétienne, ils n'ont pas leur place chez nous. »
Le sénateur (et critique littéraire) Sainte-Beuve ridiculise cette demande de mise à l'index. Parmi les milliers de lettres qui soutiennent sa réponse lui arrive un texte chaleureux rédigé par un normalien du nom de Lallier et cosigné par soixante des quatre-vingts élèves.
Étienne Arago, le jugeant bienvenu, le publie dans un journal républicain, *L'Avenir national*.
Fureur de Pasteur, plus que jamais fidèle au bonapartisme pur et dur légué par son père.
Lallier est renvoyé. Révolte au sein de l'École, bientôt suivie par le quartier Latin.
La presse se déchaîne : il faut revenir sur cette décision !
Pasteur n'entend pas céder.
Le ministre ferme provisoirement l'École. Pour être réintégrés, les élèves rebelles devront chacun

signer une lettre d'excuse. Quant à Lallier, son exclusion est définitive.

Cependant, en haut lieu, ce désordre n'a pas été apprécié. On retire à Pasteur toute responsabilité administrative. Il est prié de revenir à ses chères recherches. Mais, comme l'empereur le soutient, un laboratoire lui sera aménagé... rue d'Ulm, au sein même de l'École normale.

Sur l'absence de rire

Hugo, qu'il n'aimait pas, a écrit *L'homme qui rit.* D'après nos informations, Pasteur ne riait jamais.
Pourquoi ?
Et comment vivre sans jamais rire ?
Car rire, c'est se dé-tendre.
Mais est-il acceptable de se détendre quand on se doit d'être sans cesse tendu vers son but ?
De même qu'« un jour sans travail est un jour volé » ou qu'« il n'y a que le travail qui amuse » (deux des refrains préférés de Pasteur), de même une seconde de rire est autant d'énergie détournée de l'essentiel.
Vous me direz : on peut ricaner de ses adversaires. Pasteur ne ricanait pas d'eux. Il montrait plutôt leur inconsistance.
Vous me direz aussi : on peut rire de soi.
Certains répondront : pour progresser vers l'inconnu, il ne faut pas douter.
Mais Pasteur n'arrêtait pas de passer au crible ses hypothèses et ses méthodes !
Douter de ses idées, c'est encore de la confiance en soi. C'est même la preuve la plus solide de cette

confiance. Celui qui ne supporte pas d'avoir tort s'efforce de cacher ses fragilités.

Autre hypothèse : on dit volontiers que le rire est contagieux. Voilà pourquoi, sans doute, Pasteur ne riait jamais.

Voyages aux sources de la vie (II)

Qui a dit les savants sédentaires, vivant calfeutrés dans leurs laboratoires, ennemis de tout exercice physique ?

Septembre 1860.
Partis de Chamonix, deux hommes montent vers la mer de Glace. Un mulet les suit, chargé de trente ballons de verre. Le premier de ces étranges promeneurs est guide ; le second, c'est Pasteur. Et ce serait mal le connaître que de le croire en promenade. Il va vérifier une hypothèse. Depuis ses études sur les fermentations, il sait que les germes se trouvent partout dans l'atmosphère. Mais sans doute sont-ils moins nombreux en altitude.

Parvenu au balcon naturel du Montenvers, notre savant n'a pas un regard pour les merveilles des cimes qui lui font face. Dédain pour les Drus, mépris pour les Jorasses. Pour l'excuser, on peut évoquer son souci : après avoir rempli ses ballons d'air, il ne réussit pas à les fermer ; impossible d'en fondre le col, le grand vent ne cesse d'éteindre la lampe à alcool.

Retour dans la vallée. Recherche d'un artisan qui trouve un moyen de protéger la flamme. Nouveau départ, le mulet toujours sur leurs pas.

Cette fois, après avoir reçu leur content du bon air de la montagne, les ballons sont clos.

Le soir, à Chamonix, Pasteur jubile trop pour sentir la fatigue. Un seul des ballons présente des germes.

Il vient d'apporter la preuve que plus on grimpe, plus l'atmosphère est pure.

Un peu plus tard, dans les Pyrénées, ils sont trois à jouer, eux aussi, les alpinistes, et le même chargement de ballons stérilisés les accompagne.

Félix Archimède Pouchet, professeur au muséum d'Histoire naturelle de Rouen, et deux amis emportent à dos de mulet des ballons pleins d'une décoction de foin.

L'objectif de leur ascension est simple : une fois atteinte la bonne altitude, ils rempliront les ballons d'un air qui, d'après Pasteur, sera presque exempt de germes. Et, comme la solution sera vite altérée, preuve sera donnée que cette altération ne devra rien aux germes puisque, à cette altitude, il n'y en a pas.

Alors le trio grimpe, toujours plus haut. Pasteur, au Montenvers, avait juste dépassé les deux mille mètres. Eux veulent atteindre les trois mille ! Malgré le froid qui mord de plus en plus.

Parvenus à une sorte de sommet, le temps d'effectuer les manipulations nécessaires, les trois hommes et le mulet se consultent. La nuit tombe.

Trop risqué de redescendre. Il faut se blottir les uns contre les autres et attendre le jour en grelottant. Faut-il qu'on l'aime, la science, pour subir pareil calvaire !

Ce duel d'alpinistes amateurs n'est qu'un nouvel épisode dans la longue interrogation des êtres humains : « D'où vient la vie ? »

Deux millénaires durant, on s'en est remis à toutes sortes de « forces » pour tenter d'expliquer ce mystère.

Plutarque affirme que les crapauds sont fils des inondations du Nil. Pour Virgile, les juments naissent du vent ! Au XVIIIe siècle, certains croient encore qu'en déposant dans une bassine des grains de blé et la chemise d'une femme qui a beaucoup transpiré on obtient... des souris ! Même s'il ne succombe pas à ces extrémités de la fantaisie, notre Félix Archimède appartient au clan des croyants en la génération spontanée. Ceux-là pensent que des êtres vivants peuvent naître de n'importe où, comme de rien. Pour faire moderne, ils se nomment « hétérogénistes », autrement dit les amis de l'engendrement par l'autre.

Pourtant, certains esprits ont commencé à battre en brèche ces explications magiques. Né près de Modène (Italie) en 1729, Lazzaro Spallanzani est l'un de ces personnages dont le XVIIIe siècle eut le secret. Prêtre, juriste, mathématicien, vulcanologue, linguiste, il a appliqué aussi son inlassable curiosité aux mécanismes de la vie. Avant Pasteur, il a décrit la multiplicité des animalcules observés au microscope.

Avant lui, il a montré qu'on pouvait les tuer en chauffant le récipient où ils pullulent. Voltaire s'est passionné pour ces recherches.

Hommage rendu à ce formidable Italien, revenons à nos alpinistes.

Redescendus de leurs hauteurs, chacun d'eux est persuadé d'avoir apporté la preuve définitive de sa thèse.

Comment les départager ?

*
* *

Comparé au XVIIIe, précédemment salué, le XIXe siècle paraît souvent balourd, bourgeois, ventripotent, âpre au gain, préoccupé seulement d'amasser.

C'est oublier son intérêt, profond, pour la science et ses applications.

En cet après-midi du 7 avril 1864, le Tout-Paris se presse, comme au cirque ou au théâtre, dans le grand amphithéâtre de la Sorbonne.

Sur les bancs de bois où s'entassent d'ordinaire les étudiants, on reconnaît la princesse Mathilde, fiancée de l'empereur, plusieurs ministres, George Sand, Alexandre Dumas père.

Pasteur monte sur scène.

Dans chaque main, il tient un ballon de verre.

Le premier, banal, a un goulot vertical.

Le second se termine par un long col arrondi puis penché, à la manière du cou des cygnes.

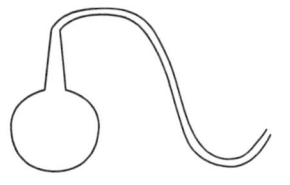

Ballon à col de cygne

Dans les deux ballons, Pasteur verse le même liquide : de l'eau de levure.
Patientez quelque peu.
Et maintenant, regardez !
Pasteur lève les deux ballons...
Dans le ballon ordinaire, le liquide s'altère déjà.
Dans le second, au col de cygne, le liquide garde sa pureté première.
Et vous savez pourquoi ?
Pasteur explique :

« La seule différence, la voici. Dans le premier ballon, les poussières qui sont en suspension dans l'air peuvent tomber par le goulot et arriver au contact du liquide où elles trouvent un aliment approprié pour se développer. Dans le second ballon, au contraire, il n'est pas possible, ou du moins il est très difficile que les poussières en suspension dans l'air puissent entrer. »

Applaudissements. La salle est debout, Pasteur continue :

« J'ai pris dans l'immensité de la création ma goutte d'eau... Et j'attends, et j'observe, et je l'interroge, et je lui demande de bien vouloir recommencer pour moi la primitive création ; ce serait un si beau spectacle ! Mais elle est muette ! Elle est muette depuis plusieurs années que ces expériences sont commencées. Ah ! c'est que j'ai éloigné d'elle, et que j'éloigne encore en ce moment, la seule chose qui n'ait pas été donnée à l'homme de produire, j'ai éloigné d'elle les germes qui flottent dans l'air, j'ai éloigné d'elle la vie, car la vie c'est le germe, et le germe, la vie ! »

Acclamations.

*
* *

Touchée à mort, la génération spontanée continuera de gigoter encore quelque temps.

D'autres duels publics seront organisés, notamment au Muséum national d'Histoire naturelle.

Protégée par son col de cygne, l'eau de levure de Pasteur demeure toujours aussi pure.

Mais la décoction de foin, présentée par Pouchet, continue de se dégrader alors même qu'il a bien pris soin de stériliser le bocal et donc d'en supprimer tous les germes éventuels. Comment pourraient-ils être responsables de l'altération, dit-il, puisque je les ai tous détruits ?

Sûr de ses expériences, Pouchet mourra sans reconnaître sa défaite, continuant d'évoquer une mystérieuse « force végétale ». Il n'avait pu discerner dans son foin de minuscules spores, agents de la germination. Et d'ailleurs, avant de s'activer, les graines peuvent attendre longtemps que des conditions favorables se présentent.

*
* *

Si cette bataille a suscité tant d'échos, c'est qu'elle soulevait une autre question, plus vertigineuse encore que celle de l'origine de la vie : Dieu existe-t-il ?

Si la vie peut surgir de rien en milieu stérile, nul besoin de Créateur ! La génération spontanée apporterait de l'eau au moulin des athées.

En revanche, la réciproque n'est pas vraie.

Décrire la présence de germes et leur rôle n'apporte aucun renseignement sur le déclenchement premier de la vie. Qui demeure un mystère.

Pasteur a toujours répété que science et religion appartenaient à deux espaces différents.

Maigret et le ver à soie

« La Soye vient directement du Ver, qui la vomit toute filée, et le Ver procède de graine, laquelle on garde dix mois l'année, comme chose morte, reprenant vie en sa saison. Le Ver est nourri de la feuille de Meurier, seule viande que cest animal, qui ne vit que six, sept ou huict sepmaines, plus ou moins, selon le païs et la constitution de l'année. Dans ce peu de temps, la Soye qu'il nous laisse paie largement les despens de sa nourriture. »

Pasteur repose le livre. Son auteur : Olivier de Serres. La date : 1599. Le titre : *La Cueillette de la Soye*.
Pasteur sourit, faiblesse qu'il s'autorise rarement. De tous les ouvrages qu'il a pu lire sur le sujet, celui-là est son préféré.

Le mois précédent, Jean-Baptiste Dumas, son ancien maître, est venu le voir :
« Pasteur, j'ai besoin de vous. »
Après avoir été ministre de l'Agriculture, il est devenu sénateur du Gard. Son récit fait frémir :
« La soie n'a pas seulement offert à Lyon sa fortune. Elle apporte aux paysans du sud de la France,

un complément de revenus qui les sauve de la misère. Partout, dans le bassin du Rhône, ils élèvent le ver à soie. Hélas, une terrible épidémie les frappe. Le ver ne mange plus, il s'amaigrit et meurt avant d'avoir commencé à baver, laquelle bave est la soie, comme vous savez. C'est un drame pour des milliers et des milliers de pauvres gens ! »

Comment refuser son aide à ce grand chimiste ? Il fut son professeur admiré, l'un des « allumeurs de son âme ». Et comment ne pas porter secours à ces populations accablées ?

Pasteur promet de s'attaquer à la terrible maladie et remercie le sénateur pour sa marque de haute confiance.

À compter de cette visite, il se documente. Et tout en se demandant comment il va pouvoir arracher du temps à ses mille autres activités, il se prépare à partir.

Pasteur aurait fait merveille au Quai des Orfèvres. Il y a du commissaire Maigret en lui. Maintenant qu'il a découvert l'existence des germes, il sait de quelle sorte sont les coupables. Mais un coupable ne se débusque pas en demeurant dans son bureau. Il faut se rendre sur les lieux du crime pour y questionner sans fin ; reconstituer peu à peu l'histoire et, pour cela, humer, s'imprégner. Un crime (ou une épidémie), c'est d'abord une atmosphère.

Le 5 juin 1865, il monte dans le train à destination du Sud. Interminable voyage. La locomotive n'est pas en cause, elle ne demanderait pas mieux de montrer ses muscles. Mais, à peine lancée, il lui faut freiner. Pour satisfaire les demandes de toutes les municipalités sur le parcours, la Compagnie Paris-Lyon-Méditerranée a décidé de marquer *seize* arrêts !

Enfin Avignon.

Où enseigne au lycée un homme déjà reconnu comme bon connaisseur des insectes.

De la gare, il n'y a pas si loin jusqu'au numéro 14 de la rue des Teinturiers.

« À qui ai-je l'honneur ?

– Louis Pasteur. »

Il n'a pas prévenu. Et il ne tend pas la main. Celui qui passe sa vie l'œil collé à son microscope sait le nombre de bêtes minuscules qui galopent sur une paume en apparence la plus propre. Mais le simple souci d'hygiène peut être pris pour de la froideur, voire du mépris, surtout par un Méridional.

Bref, le premier contact manque de chaleur.

Dommage. Jean-Henri Fabre connaît et admire les travaux de son visiteur. Il va chez un voisin chercher un cocon et le tend à Pasteur qui l'agite contre son oreille.

« Cela sonne ! Il y a quelque chose ?

– Enfin, voyons : la chrysalide !

– Comment ? La chrysalide ?

– L'espèce de momie en laquelle se change la chenille avant de devenir papillon.

– Et, dans tout cocon, il y a une de ces choses-là ?

– Évidemment ! C'est pour la sauvegarde de la chrysalide que la chenille a filé.

– Ah ! »

Fabre va bientôt être appelé par Victor Hugo le « Homère des insectes ». Et il attendra plus de vingt ans avant de raconter cette scène. Il se souvient que l'ignorance de Pasteur lui donna plutôt confiance dans le succès de sa mission :

« À la riche bibliothèque est préférable l'assidu colloque des faits... Oui, l'ignorance peut avoir du bon : loin des chemins battus, le nouveau se rencontre. »

Courte nuit à l'hôtel.
Le lendemain, Pasteur gagne Alès, au cœur des Cévennes sinistrées, foyer de l'épidémie.

*
* *

Trois semaines durant il va et vient, seul, dans la ville et la région. Sa présence intrigue, sa silhouette ramassée, ses yeux clairs auxquels rien n'échappe, sa manière de fureter partout.

« Qui est-ce ?
— Vous savez bien : M. Pasteur !
— Jamais entendu parler.
— Enfin, tu sais bien, le savant venu de Paris pour nous sauver !
— Encore un qui n'y pourra rien.
— Il paraît qu'il a déjà sauvé le vin.
— Ah, Dieu t'entende ! »

Il visite des dizaines de magnaneries, les hautes bâtisses où on élève les vers à soie. Et, presque chaque fois, il distingue sur leurs corps blanchâtres de petites taches noires qui ressemblent à des grains de poivre. D'où le nom donné à la maladie : *pébrine*, poivre en provençal se dit *pèbre*.

Partout il rencontre la désolation, des entreprises prêtes à fermer, ces femmes qui tremblent pour leur emploi. Quelle autre source de revenus voulez-vous trouver dans nos pauvres Cévennes ?

*
* *

Celui dont l'ignorance avait stupéfié Fabre repart pour Paris avec de solides connaissances.

De la vie des *bombyx* et de la production de la soie il connaît tout.

Fécondée comme il faut, une femelle papillon pond cinq grammes d'œufs qu'on appelle ici *graines*. De chaque graine sort une larve qui, en l'espace de cinq semaines, va dévorer des kilos et des kilos de feuilles de mûrier. Cette voracité s'explique : le ver ne cesse de se métamorphoser. Une seule obsession l'anime durant sa courte existence : manger et manger encore. Ce n'est qu'en mangeant qu'il deviendra chenille.

Son ambition ne s'arrête pas là. Sitôt devenu chenille, le ver se veut chrysalide. Une opération qui demande du calme et de la protection. Autant fabriquer son logement soi-même. La chenille se met à produire une sorte de bave : c'est la soie. Il faut deux kilomètres de fil pour constituer la plus douce des demeures.

Pour quelques-uns des cocons, on laissera faire la nature. Un beau jour, un papillon en sortira, rompant les précieux fils : le cycle de la reproduction doit se poursuivre.

Pour les autres, on va plonger les cocons dans l'eau chaude afin d'étouffer les chrysalides. Il ne reste plus qu'à dévider le fil.

Tout compte fait, les cinq grammes d'œufs pondus par chaque papillon femelle peuvent engendrer cinq cents kilos de fil de soie !

À condition qu'aucune maladie ne vienne dérégler cette production miraculeuse.

Le 6 février 1866, Pasteur repart pour Alès. Cette fois, il veut s'installer au cœur de l'épidémie pour n'en repartir qu'une fois le mal jugulé. Deux assistants l'accompagnent : Eugène Maillot et Désiré Gernez (enseignant au lycée de Dijon, mais qui s'est trouvé un remplaçant), ainsi qu'un photographe-dessinateur, Peter Lackerbauer.

Le quatuor s'établit d'abord à l'hôtel, puis chez un fleuriste, avant de trouver sur une hauteur voisine, à Pont-Gisquet, une spacieuse propriété. En visitant l'orangerie, Pasteur sait déjà qu'il va y aménager un laboratoire. Au-dessus, une petite magnanerie permet d'installer des élevages. Un paradis pour la recherche : Pasteur va enfin pouvoir travailler comme il l'entend, entouré et secondé par sa famille.

Marie reprend aussitôt son rôle crucial de confidente, de soutien, d'assistante, de scribe, de secrétaire, de protectrice.

Marie-Louise, dite Zizi, leur dernière fille, les rejoint. Malgré son très jeune âge (huit ans), elle participe aux travaux. La voracité des larves la fascine. Bientôt elle réclamera un microscope derrière lequel elle passera des heures pour aider à éliminer les graines malades.

Pasteur engage toutes ses forces dans son combat et chacun le sert du mieux qu'il peut. Nul ne semble souffrir de son autorité. Lorsque, durant les repas, sa manie de l'hygiène le reprend et qu'il essuie et réessuie, fait laver et relaver verres, assiettes et couverts, nul ne songe à se moquer.

Il faut imaginer Pasteur heureux.

Malgré les difficultés de l'enquête, les expériences décevantes, les hypothèses qui se révèlent fausses, la pression des autorités, la misère des populations.

Malgré les ennemis de toutes sortes, tantôt goguenards, tantôt violents. Les importateurs de graines étrangères qui tirent un grand profit de leur commerce et détesteraient que l'épidémie soit vaincue. Les sériciculteurs de père en fils depuis trois siècles qui n'imaginent pas qu'un Parisien ignare (pléonasme) puisse leur donner des leçons. Sans oublier la troupe hétéroclite des vendeurs de fausses recettes. Contre la pébrine, on a tout essayé : le chlore, le créosote, l'arrosage d'eau-de-vie ou d'absinthe...

En pure perte pour les élevages, mais pas pour les escrocs.

La mort, à coups redoublés

Les premières découvertes de Pasteur sont autant de bonnes nouvelles pour la vie. Mieux on en comprendra les mécanismes, mieux on pourra la défendre contre ses ennemis.

La mort ne pouvait pas accepter de voir son pouvoir ainsi rogné. Elle se devait de réagir.

Alors elle va frapper. Et cibler. Pour atteindre les plus proches, au plus profond.

Jeanne-Étiennette, la mère de Pasteur, est d'abord touchée. Un soir, elle s'effondre.

Sans un bruit, comme elle aura vécu.

Des jours et des jours durant, Louis pleure.

Peu après, c'est le tour de ses deux sœurs chéries. Joséphine est emportée par la tuberculose, elle vient de fêter ses vingt-cinq ans.

Quelques mois plus tard, Émilie la suit dans le tombeau. À vingt-sept ans.

Le répit ne dure pas.

Arbois 1859, un bel été s'achève. Le 10 septembre, après quelques jours de maladie, sa fille aînée, Jeanne, rend son dernier soupir. Typhoïde. Elle a neuf ans.

Marie, sa mère, soutient comme elle peut Louis, son père.

Jamais rassasiée, la mort continue.

Terrible année 1865.

Juin. Alès.

Une dépêche avertit Pasteur. « Père au plus mal. »

La route est longue pour rejoindre Arbois. On a déjà refermé le cercueil.

Le soir, dans la maison vide, il écrit :

« Ma chère Marie, mes chers enfants, le pauvre grand-père n'est plus et nous l'avons conduit ce matin à sa dernière demeure. Il est aux pieds de la pauvre petite Jeanne. Au milieu de ma douleur, j'ai été bien heureux de la bonne pensée de Virginie qui l'avait fait placer là, et j'espère qu'un jour je pourrai les réunir à ma tendre mère et à mes sœurs, jusqu'au moment où j'irai moi-même les rejoindre. Jusqu'au dernier instant, j'ai espéré le revoir, l'embrasser une dernière fois, lui donner la consolation de presser dans ses bras son fils qu'il a tant aimé ; mais en arrivant à la gare, j'aperçus des cousins tout en noir qui venaient de Salins. Seulement alors j'ai compris que je ne pourrais plus que l'accompagner au cimetière.

« Il est mort le jour de ta première communion, ma chère Cécile : deux souvenirs qui ne sortiront pas de ton cœur, ma pauvre enfant. J'en avais donc le pressentiment lorsque le matin même, à l'heure où il était frappé pour ne plus se relever, je te demandais de prier Dieu pour le grand-père d'Arbois. Tes prières auront été bien agréables à Dieu, et qui sait si le grand-père lui-même ne les a pas connues et ne s'est pas réjoui avec la pauvre petite Jeanne des saintes ferveurs de Cécile.

« J'ai repassé tout le jour dans ma mémoire toutes les marques d'affection de mon pauvre père. Depuis trente années, j'ai été sa constante et presque unique préoccupation. Je lui dois tout. [...] Cet homme était, par la distinction de l'esprit et du caractère, bien au-dessus de sa position à juger des choses comme on le fait dans le monde. Lui ne s'y trompait pas : il savait bien que c'est l'homme qui honore sa position, et non la position qui honore l'homme. Tu ne l'as pas connu, ma chère Marie, au temps où ma mère et lui travaillaient si durement pour leurs chers enfants qu'ils aimaient tant, pour moi surtout, dont les livres, les mois de collège, la pension à Besançon coûtaient cher. Je le vois encore, mon pauvre père, dans les loisirs que lui laissait le travail manuel, lisant beaucoup, s'instruisant sans cesse, d'autres fois dessinant ou sculptant du bois. [...] Il avait la passion du savoir et de l'étude. Je l'ai vu étudiant des grammaires, la plume à la main, les comparant, les commentant, afin d'apprendre à quarante et cinquante ans ce que lui avaient refusé les infortunes de ses premières années. [...]

« Ah ! mon pauvre père ! Je suis bien heureux de penser que j'ai pu te donner quelques satisfactions.

« Adieu, ma chère Marie ; adieu, mes chers enfants. Nous parlerons souvent du grand-père d'Arbois. [...] Je désirerais bien vous voir et vous embrasser tous. Mais il faut que je retourne à Alès. Mes études seraient retardées d'une année si je n'y allais passer quelques jours. »

Septembre.

Depuis des semaines, Louis et Marie ne quittent plus Camille, deux ans, leur plus jeune fille. Auprès de son petit lit, jour et nuit, ils se relaient.

Elle finit par mourir. Cancer du foie.

Huit mois plus tard, Alès. 23 mai 1866.

Pasteur se concentre comme il peut sur les malheurs du ver à soie.

On l'appelle de Chambéry où se trouve sa petite Cécile.

Venez vite, l'état de votre fille s'aggrave.

Il arrivera trop tard.

Typhoïde.

Elle avait douze ans et demi.

Le sauvetage du ver à soie (suite)

Que reste-t-il d'autre sur terre que le travail ? Sans tarder, Pasteur revient à son orangerie-laboratoire.

Première découverte.
Contrairement à ce qu'on pensait, le petit point noir qu'on observe sur le corps des larves et des papillons n'est pas le symptôme de la maladie, mais sa cause. Ce corpuscule est plein de parasites, de minuscules champignons.

Deuxième découverte.
La maladie se transmet de deux manières.
• Par *contagion*. Quand les vers sont malades, leurs déjections contiennent d'innombrables parasites. Il suffit qu'elles tombent sur une feuille de mûrier. Le ver qui s'en nourrit est atteint à son tour. Les parasites vont envahir l'intestin, puis l'ensemble des organes et notamment ceux de la reproduction.
• Par *hérédité*. Quand un œuf est pondu par une femelle contaminée, il ne peut qu'engendrer une larve malade.

Troisième découverte.

Les vers à soie ne souffrent pas d'une seule maladie, la pébrine. Ils sont aussi frappés par la *flacherie*.

Dans la plupart des magnaneries flotte une odeur acide, semblable à celle que dégage la fermentation. La très forte humidité ambiante accélère la décomposition des feuilles de mûrier. Une bactérie y prospère. On la repère sans mal au microscope. Avalée par le ver avec les morceaux de feuille qu'il dévore, elle s'installe bien au chaud dans ses intestins et y cause des ravages.

Le plan d'action découle logiquement de ces découvertes : l'éradication et l'hygiène.

Le premier objectif est clair : il faut ne garder que des œufs sains.

Rien de plus simple.

On prend cent cocons. On hâte la sortie des papillons en élevant la température. À peine à l'air libre, papillons et papillonnes copulent. Chaque femelle est enfermée dans un petit sac avec sa ponte et on l'examine au microscope. Si on lui découvre sur le corps le moindre corpuscule, l'ensemble est brûlé. On ne garde pour la reproduction que les œufs des femelles saines.

Quant aux autres cocons, on en étouffe les chrysalides et ils vont à l'usine se faire dévider.

Ensuite, pour éviter toute contagion, il faut multiplier les mesures d'hygiène :

- faire de petits élevages, éloignés les uns des autres ;
- chauler les murs, laver à grandes eaux les sols et les claies ;
- renouveler régulièrement les feuilles de mûrier ;

• aérer en permanence les magnaneries pour en chasser l'humidité.

Bientôt, la région retentit de grands travaux : une à une, les magnaneries sont modifiées pour suivre ces recommandations.

Et, partout, dans les journaux locaux, sur les panneaux des mairies, paraissent des annonces vantant les mérites de tel ou tel microscope, aussi bon marché que facile à utiliser :

PRÉFECTURE DU GARD

VERS À SOIE

Microscopes mis à la disposition des éducateurs pour le grainage

---

AVIS

Le PRÉFET du Gard a l'honneur de porter à la connaissance de ses administrés que les microscopes destinés à favoriser la production de bonne graine de vers à soie viennent d'être répartis d'après les indications du tableau suivant (voir page ci-contre) :

Toute personne, quelle que soit sa résidence, peut obtenir qu'une observation à son profit soit faite.

Une observation microscopique se composera de l'examen séparé et successif de dix papillons.

Elle donnera lieu au paiement d'une taxe de 2 francs au profit du micrographe.

Elle pourra être renouvelée, moyennant le paiement de la même taxe.

Le micrographe inscrira sur un registre, par ordre de date, les demandes d'observation qui lui seront faites.

Il réservera, pour chaque inscription, une colonne où il mentionnera le résultat de l'observation.

Il pourra seul se servir du microscope dont il est responsable.

Nîmes, le 28 mai 1868.

Le Préfet du Gard,
BOFFINTON

COMMUNE qui demande le microscope	NOM ET QUALITÉ de la personne à qui il est confié	COMMUNE qui demande le microscope	NOM ET QUALITÉ de la personne à qui il est confié
Arrondissement de Nîmes		**Arrondissements d'Uzès**	
Bellegarde	MM. Baudin, frère Alberton ;	Bagnols	MM. Seguin, frère Tertullien ;
Montfrin	Delarbre, frère Sidonius ;	Lussan	Larmande, instituteur ;
Nîmes	les Professeurs de l'École normale ;	Pont-Saint-Esprit	Angles, frère Sosipater ;
		Sauveterre	Bresson, instituteur ;
Saint-Mamert	Savy, instituteur ;	Saint-Chaptes	Gras, id.
Sommières	Dumas, frère Firmin.	Saint-Hilaire-d'Ozhilan	Roux, maire ;
		Uzès	Pellegrin, instituteur ;
		Villeneuve	Gaillard, frère Simplide.
Arrondissement d'Alais		**Arrondissement du Vigan**	
Alais	MM. Martial, instituteur ;	Aumessas	MM. Floris, instituteur ;
Anduze	Martin, id.	Lasalle	Caucanas, id.
Génolhac	Polge, id.	Quissac	Arnaud, id.
Les Salles-du-Gardon	Dussaud, id.	Saint-André Saint-Hippolyte	Mourgues, id.
Lédignan	Ronel, id.	Sauve	Soubeyran, id.
Saint-Ambroix	Rolland, id.	Sumène	Clautem, id.
Saint-Jean-du-Gard	Verdrilhan, id.		Palliez, frère du Saint-Viateur, id.
Saint-Jean-de-Maruéjols	Vedel, id.	Valleraugue	Méjanel, instituteur ;
Saint-Paul-la-Coste	Gaillard, id.	Le Vigan	~~Gambassèdes, id~~
Vézénobres	Valès, id.		

> Fabrique de microscopes
> spéciaux pour l'examen des Vers à Soie
> et les études scientifiques
> Les microscopes de l'opticien Raphaël
> 7, rue Cannebière, à Marseille,
> étant appelés à rendre de grands services
> à toutes les personnes
> s'occupant de sériciculture ;
> nous les recommandons vivement
> à nos lecteurs.

> Cet appareil, construit
> avec les plus grands soins,
> est, dans la pratique,
> d'une très grande simplicité ;
> aussi les personnes
> les moins expérimentées à son usage
> peuvent-elles en tirer
> les plus grands avantages.
> Son grossissement varie
> de 650 fois à 1 500 fois,
> selon le jeu de lentilles que l'on désire.

Les résultats ne se font pas attendre. Dans toutes les magnaneries qui ont respecté les méthodes de Pasteur, les deux maladies disparaissent. Les ennemis du savant parisien sont bien forcés de baisser les armes, tandis qu'un peu partout des statues s'élèvent à sa gloire. Du sommet de l'État, à savoir Napoléon III lui-même, vient la récompense suprême : Pasteur est nommé sénateur.

Hélas, nous sommes en juillet 1870. La guerre approche, la déroute et la chute de l'Empire s'annoncent... Notre grand homme ne siégera jamais à la Chambre haute.

*
* *

Pasteur a remporté d'autres victoires, et plus utiles pour le genre humain. Mais je repense sans cesse à la fragilité des cocons et aux chrysalides.

Peut-être que, sans l'obstination du chercheur, tous les bombyx, papillons et papillonnes, seraient morts l'un après l'autre, vaincus par l'une des maladies ou par les deux.

La soie aurait peut-être alors disparu de la surface de la Terre.

Les femmes, les unes après les autres, auraient oublié sa douceur, sa fraîcheur sur la peau. Même si certaines personnes vous disent, l'air d'y croire, que le souvenir des caresses est de ceux qui résistent le mieux à l'usure du temps.

La mort réattaque

Comme Pasteur redouble d'ardeur dans son travail et que, sur tous les fronts, il fait reculer la maladie, la mort, après avoir frappé ses proches, décide de l'attaquer, lui.

Le lundi 19 octobre 1868 est jour de séance à l'Académie des sciences. On doit y discuter des travaux d'un jeune savant italien qui salue la victoire française sur la pébrine. Même si, depuis le matin, Pasteur sent d'étranges fourmillements dans son bras gauche, pas question de manquer une occasion de défendre une nouvelle fois sa méthode et de montrer l'étendue de son rayonnement international.

Inquiète, Marie l'accompagne. Sans trouble apparent, il mène avec brio les débats. Retour à pied jusqu'à la rue d'Ulm. Dîner. À peine couché, le malaise revient. Son bras s'engourdit, les mots se refusent. Il parvient à appeler.

Dès le petit matin, les médecins se succèdent. Le diagnostic ne fait pas de doute : attaque. On dirait aujourd'hui « accident vasculaire cérébral ». Quelque part dans le cerveau, une artère s'est bouchée ou rompue.

Une sommité prescrit des sangsues. Aussitôt dit, aussitôt fait. Elles sont bientôt seize à planter leurs crocs derrière les oreilles de Pasteur. Un certain mieux s'ensuit. Ces petites bêtes gluantes, non contentes de pomper le sang, ont dans leur salive un anticoagulant puissant. Mais l'accalmie ne dure pas.

De là où elle séjourne, la mort contemple le début de son œuvre. Comment ne serait-elle pas satisfaite ? Pasteur, le grand Pasteur, hier encore si solide, n'est plus qu'un corps malade, agité d'un côté, paralysé de l'autre, le plus souvent grelottant de froid.

Oui, bonne journée ! se dit la mort. J'ai bien eu raison de l'abattre tôt : à quarante-cinq ans, il pouvait me nuire encore longtemps. Raison aussi de l'assaillir de cette manière. Le tuer d'un coup n'aurait fait qu'ajouter à sa gloire. Alors que le diminuer, le changer progressivement en légume ne suscitera, au mieux, que de la pitié, avant l'indifférence et l'oubli.

On peut donc imaginer la mort satisfaite de son agression, refermant le dossier Pasteur et s'en allant ailleurs combattre d'autres amis de la vie.

Pendant ce temps, des ouvriers passent et repassent devant sa fenêtre de l'École normale, rue d'Ulm. L'un porte un sac de ciment, l'autre pousse une brouette. Sur ordre de l'administration, ils ne travaillent plus, ils donnent le change. Pourquoi continuer à bâtir un laboratoire pour quelqu'un qui va bientôt mourir ?

Heureusement pour nous, la mort ne dispose pas de toutes les fiches. Elle n'a pas idée des ressorts vitaux du Jurassien. Mais, surtout, elle s'est trompée de région du cerveau pour y porter son assaut. L'intelligence de son ennemi est intacte.

À peine son état stabilisé, il entreprend de se reconstruire.

La même force qui l'a retenu de sombrer le porte désormais.

« Je regrette de mourir, répète-t-il à ses visiteurs pendant la semaine critique. J'aurais voulu rendre plus de services à mon pays. »

Dès les premiers mieux, les projets lui reviennent. « J'ai tant à faire encore... Il y a tout un monde à découvrir. »

Fin novembre, il peut se relever, passer une heure dans son fauteuil.

Commence alors la lente reconquête de son corps. On se relaie à son chevet pour lui lire les livres dont, à ce moment, il a le plus besoin : des biographies. Ces exemples le soutiennent.

> « De la vie des hommes qui ont marqué leur passage d'un trait de lumière durable, recueillons pieusement, pour l'enseignement de la postérité, jusqu'aux moindres paroles, aux moindres actes propres à faire connaître les aiguillons de leur grande âme. »

Sur intervention furieuse de l'empereur, la construction du laboratoire a repris. Pasteur peut le voir s'élever, alors que lui-même, peu à peu, se redresse.

Ses collaborateurs viennent chaque jour l'entretenir du progrès des recherches en cours.

Dès la mi-janvier 1869, il n'y tient plus. Il se fait porter gare de Lyon. Direction Alès puis, à trente kilomètres, Saint-Hippolyte-du-Fort, dans une maison froide d'où il va pouvoir, malgré tous les inconforts, diriger au plus près la phase ultime de sa guerre contre les maladies du ver à soie.

Sans doute abasourdie par une telle résistance, la mort décide de le laisser quelque temps tranquille. Il faut dire qu'un autre projet, de plus vaste envergure, va occuper la Camarde : une bonne petite guerre se prépare entre la France et la Prusse. Quelle autre perspective pourrait mieux la réjouir ?

Patriote

Il était une fois Napoléon Ier...
Élevé dans le culte de cette aventure légendaire, le petit Louis ne pouvait associer son pays qu'à la grandeur.

L'autre source de son patriotisme est sans doute à chercher du côté de l'instruction. Si on appelle toujours la France, mais en y croyant de moins en moins, « fille aînée de l'Église », elle s'est voulue depuis Descartes mère de la Raison, puis patrie des Lumières. Aimer le savoir, c'est aimer la France. Le bon élève, plus tard le chercheur, contribue tout autant que le soldat au rayonnement de la nation.

La guerre de 1870 apporte, s'il en était besoin, du bois à la flamme.

Même si l'on n'a plus l'âge de monter au front, on peut toujours prendre les armes.

Janvier 1871 : les Allemands assiègent et bombardent Paris. Dans la nuit du 8 au 9, un obus tombe sur le Muséum national d'Histoire naturelle, et le ravage. Colère du milieu scientifique français.

Pasteur renvoie son diplôme de docteur *honoris causa* qui lui a été remis, trois ans plus tôt, par le doyen de l'université de Bonn :

« Tout en protestant hautement de mon profond respect envers vous et envers tous les professeurs célèbres qui ont apposé leur signature au bas de la décision des membres de votre ordre, j'obéis à un cri de ma conscience en venant vous prier de rayer mon nom des archives de votre faculté et de reprendre ce diplôme, en signe de l'indignation qu'inspirent à un savant français la barbarie et l'hypocrisie de celui qui, pour satisfaire un orgueil criminel, s'obstine dans le massacre de deux grands peuples[1]. »

À cette fureur s'ajoute bientôt l'angoisse paternelle. Son fils, Jean-Baptiste, a rejoint l'armée du général Bourbaki et ne donne plus de nouvelles. On parle de combats violents autour de Belfort. Réfugié dans sa maison d'Arbois, Pasteur décide de partir à sa recherche. La famille monte dans une calèche et, par les routes verglacées, finit par gagner Pontarlier. À chaque soldat rencontré le père et la mère demandent s'il n'a pas croisé un caporal du nom de Pasteur. Quelqu'un croit savoir qu'un tout jeune ainsi appelé se trouverait vers Chaffois, un village proche. La calèche repart. Sur la route, elle dépasse une charrette où s'entassent des soldats plutôt mal en point. L'un d'eux se dresse. C'est Jean-Baptiste. Les Pasteur gagnent Genève.

Pasteur a longtemps travaillé avec les brasseurs. Un jour qu'ils lui demandent de choisir un nom pour

---
1. Il s'agit du roi Guillaume de Prusse.

leur dernière production, il répond sans hésiter : la Bière de la Revanche.

Dans une lettre envoyée à l'un de ses élèves, il s'exclame :

> « Chacun de mes travaux jusqu'à mon dernier jour portera pour épigraphe :
> Haine à la Prusse. Vengeance. Vengeance. »

Comment la France a-t-elle pu sombrer si rapidement ?

Pasteur a sa réponse :

> « Le dédain de notre pays pour les grands travaux de la pensée, particulièrement pour les sciences exactes. »

Contagions

Pasteur venait d'établir que chaque fermentation était due à un agent minuscule et particulier, champignon ou bactérie.

Il avait aussi expliqué comment on pouvait sauver les vers à soie : par le sacrifice des graines atteintes et par la propreté méticuleuse des installations.

La certitude s'inscrit en lui que de très nombreuses maladies doivent suivre cette logique. Elles ne peuvent avoir pour origine qu'un responsable vivant, trop petit pour s'apercevoir à l'œil nu, mais qui n'échappera pas au microscope.

Cette conviction entraîne deux conséquences :
• si les agents responsables passent d'un animal à un autre, d'un homme à un autre, ils y emporteront et y installeront la maladie ;
• la seule manière d'empêcher cette *contagion*, c'est l'hygiène.

Comme souvent dans ce domaine, Pasteur n'est pas le premier. D'autres avant lui se sont préoccupés d'*asepsie* (prévenir, par différentes méthodes, l'arrivée des agents infectieux dans l'organisme) et d'*antisepsie* (combattre les agents infectieux).

Lors de la guerre de Crimée (1854-1855), l'infirmière anglaise Florence Nightingale (en français, Florence Rossignol) avait réduit fortement la mortalité des blessés en nettoyant les locaux, les linges et les draps.

À Vienne, le docteur Philippe Ignace Semmelweis recommande aux médecins de se laver les mains entre une autopsie et un accouchement. Et, s'ils pouvaient aussi nettoyer leurs pinces et bistouris, leurs malades auraient plus de chances de survivre.

À Paris, un Trousseau, un Villemin se battent pour imposer la propreté dans leurs services, et l'isolement des malades pour éviter la contamination.

À Glasgow, le chirurgien Joseph Lister est convaincu que la gangrène, source de l'hécatombe, commence à naître dès l'opération. Voilà pourquoi il instaure des méthodes radicales : à grand renfort d'étuves, de blanchisseries et surtout d'acide phénique, il désinfecte TOUT ce qui sert à ses opérations.

Ces pionniers devinent que des germes se transmettent de malade à malade. Mais ils ne savent pas lesquels ni de quelle manière. Et la seule défense qu'ils peuvent opposer à leurs adversaires est statistique : on meurt moins chez moi que chez vous !

Dans leur immense majorité, les médecins ricanent, dédaignent et continuent de tuer.

Il ne fait pas bon être malade dans la première moitié du XIXe siècle. Aucune chance, ou presque, de sortir vivant d'un hôpital. C'est sans doute le pire moment de l'histoire de la médecine, en tout cas de la chirurgie. Les bonnes vieilles méthodes ont été abandonnées : fini, les cautérisations ! Oublié, cette manie de plonger dans l'eau bouillante linges et instruments ! Mais rien n'a remplacé ces pratiques jugées d'un autre âge.

Les résultats s'ensuivent. Ablation d'un ovaire : 80 % de décès ; trépanation : 95 % ; sans oublier la gangrène, la septicémie...

En fait, les médecins ne supportent pas cette idée d'animalcules circulant partout pour inoculer les maladies. Ils préfèrent prendre de la hauteur, évoquer le destin en arborant un air fataliste et profond. Ils évoquent un enchevêtrement de causes plus larges, plus nobles, et surtout plus obscures. Personne n'en percera jamais les mystères. Et c'est bien ainsi ! Ils vous posent la main sur l'épaule : « Serrez les dents, voyons, soyez courageux, mon vieux ! » Les médecins se veulent encore prêtres, officiers de Dieu.

Mais, surtout, au fond d'eux-mêmes, ils n'admettent pas que la Médecine ait à frayer et à se fourvoyer avec les autres sciences. La Médecine – pour qui la prenez-vous ? – doit se suffire à elle-même !

Voilà pourquoi les médecins traitent Pasteur, qui n'est pas médecin, de « chimiâtre ».

C'est pourtant lui, et son concurrent allemand Koch, qui vont la révolutionner, cette médecine.

En donnant une explication rationnelle et irréfutable de mécanismes qui n'étaient jusqu'alors que pressentis.

L'exploration va commencer par les animaux.

Une épidémie décime les troupeaux : moutons, vaches, chevaux.

C'est le « charbon » – l'*anthrax*, en anglais. L'animal se met soudain à tituber. Il crache du sang, il souffle. Puis tombe et meurt.

Une fois de plus, le ministre de l'Agriculture appelle Pasteur à l'aide.

« Mais je suis en plein approfondissement de mon travail sur la bière !

– La France et son élevage ont besoin de vous.

– Dans ce cas... »

Cette mission officielle serait déjà suffisante pour lancer Pasteur, mais le patriotisme va lui insuffler, s'il en était besoin, un surcroît d'énergie.

Un Français, Casimir Joseph Davaine, a déjà repéré au microscope, dans le sang noir des animaux malades, de toutes petites bêtes en forme de bâtonnets.

Mais, horreur, c'est un Allemand qui a progressé dans les recherches.

Un duel commence.

Depuis l'affaire de la génération spontanée, on sait à quel point Pasteur aime les combats singuliers.

Cette fois, l'adversaire est d'une tout autre dimension que le malheureux Pouchet, de Rouen.

D'abord il est plus jeune de vingt ans. Ce privilège est toujours désagréable. Ensuite, dans le domaine même où Pasteur excelle, la pratique de l'expérimentation, son apport est déjà considérable : amélioration des microscopes, développement de la microphotographie, nouvelles méthodes d'asepsie et, surtout, culture des germes sur de nouveaux milieux...

Robert Koch a beau n'être qu'un médecin de campagne, avec une cuisine pour tout laboratoire et sa femme Emmy pour toute assistante, il est parvenu à identifier le responsable de cette maladie qui sème la mort dans les troupeaux. Il s'agit d'un bacille en forme de bâtonnet. Poursuivant son travail, il a réussi à cultiver ces bacilles dans un milieu particulièrement favorable.

Prenez un lapin mort récemment. Incisez une de ses cornées. Une humeur vitrée s'écoule, déposez-y une goutte de sang charbonneux. Elle va se diluer dans l'humeur. Attendez quelque temps. Prélevez une goutte de cette nouvelle mixture. Et déposez-là dans une nouvelle humeur vitrée. Recommencez huit fois l'opération. Inoculez à un mouton sain une goutte retirée de la dernière dilution. Le mouton meurt. Koch est satisfait : il pense avoir prouvé que le bacille présent dans la goutte de sang du début est bien l'assassin.

Furieux d'avoir été défié sur son terrain, Pasteur s'attaque à son tour à la maladie du charbon. D'après lui, Koch n'aboutit qu'à des hypothèses, il n'a pas assez dilué. Il n'a pas écarté d'autres agents possibles de la contagion. Il y a beaucoup de monde dans une goutte de sang... Comme milieu le plus favorable au développement de la bactérie du charbon, Pasteur choisit l'urine. Il dépose la goutte de sang contaminée... dans pas moins d'un demi-litre d'urine. Et il recommence *quarante fois* l'opération. Alors, alors seulement, il inocule une goutte de ce liquide à un mouton, qui meurt. Maintenant, dit Pasteur, l'affaire est entendue. J'ai apporté la preuve, enfin définitive, de la responsabilité du bacille dans la maladie. De la goutte de sang primitive il ne reste rien, tellement elle a été diluée.

Rien... sauf la bactérie qui, dans chaque culture, s'est développée et multipliée avec la même vigueur.

Prolongeant ses recherches, il montre que les animaux ne sont infectés que dans les champs où poussent des herbes coupantes, par exemple des chardons : les bêtes se blessent à la bouche et c'est par là que s'introduit la maladie. « Une piqûre d'épingle est une porte ouverte à la mort », disait le chirurgien Velpeau. On avait pris l'habitude d'enfouir dans le sol les corps des animaux trépassés. Comment les germes remontaient-ils à la surface ? Pasteur émet l'hypothèse qu'il faut accuser le ver de terre.

Maintenant il faut trouver un traitement.

Le duel avec Koch ne fait que commencer.

*
* *

Plus tard, en 1884, au congrès de Copenhague, Pasteur précise sa pensée :

> « Messieurs, si la science n'a pas de patrie, l'homme de science doit avoir la préoccupation de tout ce qui peut faire la gloire de sa patrie. Dans tout savant, vous trouverez toujours un grand patriote. La pensée d'ajouter à l'honneur de son pays le soutient dans ses longs efforts ; l'ambition de voir la nation à laquelle il appartient prendre ou garder son rang le jette dans les difficiles mais glorieuses entreprises du savoir qui amènent les vraies et durables conquêtes. L'humanité profite alors de ces travaux qui lui arrivent de tous côtés. Elle compare, elle choisit, elle s'empare avec orgueil de toutes les gloires nationales. »

Et, chaque été, Arbois

Arbois offre à chacun le cadeau qu'il attend.
Pour Louis, Arbois, c'est le fil de la vie jamais rompu depuis l'enfance, c'est du connu et de la continuité pour un homme dont le travail consiste à s'aventurer jour après jour dans l'ignoré.

Pour Marie, Arbois, c'est l'ancre enfin jetée. Fille de professeur devenu inspecteur d'Académie puis recteur, elle a suivi le mouvement familial : un déménagement perpétuel. Douze villes en vingt-deux ans : Clermont-Ferrand, Riom, Guéret, Angoulême, Saintes, Sens, Amiens, Orléans, à nouveau Angoulême, Douai, Toulouse, Cahors juste avant Strasbourg... On aurait le tournis à moins. Et toutes ces amitiés à peine nouées, déjà déchirées. Dans ces rendez-vous rituels de l'été elle goûte enfin le luxe, si doux pour l'âme, de retrouver et de se retrouver.

Sur une froideur supposée

Si nos mains pullulent de microbes, que dire de nos bouches ?

Embrasser, même sur la joue, même son fils encore bébé, même sa fille chérie, relève de l'inconscience. Quant à rouler une pelle, lèvres contre lèvres avec jeu de langues, c'est du suicide.

On critiquait la froideur de Pasteur. Vous auriez voulu que cet homme-là, qui avait tant déployé d'efforts pour comprendre la naissance et la propagation des maladies, se mette en péril, lui et ses recherches à venir, pour ces simagrées d'affection ?

Jacques Chirac, ministre ou maire toute sa vie et, pendant douze ans, président de la République française, aimait, plus que tout autre homme politique, serrer des mains et caresser le cul des vaches.

Mais la passion pour le contact n'empêche pas la précaution. Je sais, par un directeur du protocole, qu'après chaque bain de foule il se faisait longuement désinfecter les paumes et les doigts, en insistant bien sur les replis de la peau, les interstices.

Faut-il toujours toucher pour prouver et vérifier qu'on aime ? Certains peuples préfèrent s'incliner.

Quatre-vingt-dix pour cent des maladies

Nous avons maintenant compris que la simple habitude de serrer une main nous fait courir de grands risques. Pasteur va montrer qu'il est en quelque sorte suicidaire de boire un verre d'eau sans en avoir vérifié la pureté.

Venez, dit Pasteur, collez votre œil à mon microscope et voyez la foule de microbes à l'œuvre dans ce breuvage que vous croyiez le plus innocent.

Et de déclarer : « Nous buvons quatre-vingt-dix pour cent de nos maladies. »

C'est ainsi que Pasteur peut être considéré comme le saint patron de tous les travailleurs de l'eau. Si l'eau est « naturelle » par origine, il faut savoir le nombre de filtrages et de traitements, permanents et sophistiqués, qu'on doit lui faire subir avant de la livrer sans dommage, et vingt-quatre heures sur vingt-quatre, aux populations qui l'attendent.

C'est une bataille qui est loin d'être encore gagnée.

D'après l'Organisation mondiale de la santé, près d'un milliard d'êtres humains sont encore privés d'accès facile à l'eau potable ; plus de deux milliards et demi ne disposent pas de toilettes. Et, chaque année, l'eau, source de toute vie, provoque la mort de trois millions et demi de personnes : six pour cent de tous les décès et, ceux-là, tous évitables.

Vacciner

L'histoire est devenue légende.

Un mot la résume. Un mot que, malgré notre bataille, quelques confrères et moi ne sommes pas parvenus à faire entrer au dictionnaire de l'Académie française sous le prétexte qu'il collait de trop près à l'anglais : « Sérendipité », *serendipity* – trouver autre chose que ce que l'on cherchait.

Autrement dit, et par Pasteur lui-même, le « hasard ne sourit qu'aux esprits préparés ».

L'équipe de Pasteur ne s'occupait pas que du charbon. On lui avait aussi demandé de mettre fin au « choléra des poules », une maladie qui paralysait la volaille avant de la tuer.

Septembre 1879. Retour d'Arbois. Dans un coin de son laboratoire parisien de la rue d'Ulm, on retrouve une culture de bacilles qui avaient été identifiés comme responsables de cette affection. Personne ne s'en était préoccupé durant les deux mois d'été.

Pasteur prélève quelques gouttes du bouillon et les inocule à des poules. Qui tombent un peu malades, mais aucune ne meurt.

Un peu plus tard, ces mêmes poules reçoivent une solution « jeune et neuve » des bacilles. Jour après jour, on guette fiévreusement leur état. Au bout de deux semaines, la bonne nouvelle est confirmée : aucune des volailles n'est morte.

Devant ses collaborateurs Chamberland et Roux, Pasteur se serait exclamé : « Ne voyez-vous pas que ces poules ont été vaccinées ? »

D'emblée, il a reconnu la ressemblance de son expérience avec celle de Jenner. Et c'est ainsi qu'il a baptisé « vaccin » le germe affaibli.

*
* *

Comme chaque fois que vous déclarez avoir découvert quelque chose, des hordes de grincheux se changent en historiens pour bien vous faire comprendre que votre orgueil est ridicule : Mon pauvre monsieur, vous n'avez rien inventé du tout ! Vous vous êtes contenté d'imiter des pratiques déjà bien connues dans l'Antiquité, ou tout à fait communes à l'autre extrémité, chinoise, de la Terre.

Ainsi Edward Jenner (1749-1823).

Vous prétendez avoir trouvé le moyen d'immuniser l'homme contre la variole en lui inoculant des germes d'une autre maladie voisine contractée par les vaches (la « vaccine » ou *cowpox*) ?

Mon pauvre ami, ignorez-vous l'histoire du roi Mithridate VI (132-63 avant J.-C.) ? Se connaissant de nombreux ennemis, cet homme sage avait pris soin d'avaler chaque jour une petite dose de poison. Quand il voulut se suicider, il fut pris à son propre piège : la potion qu'il avala n'avait plus d'effet sur lui. Il dut se faire égorger par un de ses soldats.

Et lady Mary Montagu, épouse de l'ambassadeur d'Angleterre en Turquie vers 1715, avez-vous jamais entendu sa belle et courageuse histoire ? Les ravages de la variole la touchaient d'autant plus qu'elle en avait eu le visage grêlé. Elle se passionna pour les méthodes de certaines vieilles femmes grecques qui inoculaient aux enfants du pus variolique desséché. Convaincue, elle soumit à l'expérience son garçon et sa fille. Qui, ainsi protégés, ne souffrirent jamais de la variole.

Vous protestez, docteur Jenner ? Vous argumentez que votre méthode est bien moins dangereuse que les *variolisations* précédentes ?

Sans doute.

Et l'effondrement de la mortalité, à la suite des campagnes massives de traitements inventés par vous, plaide en votre faveur.

Il n'empêche.

Soyez modestes, docteur Jenner, monsieur Pasteur. Vous n'avez rien inventé !

D'autant que la nature elle-même est son meilleur médecin. La preuve ? Elle dure. Elle ne peut continuer à prospérer qu'en inventant à chaque instant une infinité de façons de s'immuniser.

Au fond que faites-vous, messieurs les savants ?

Vous imitez la vie, vous contentant tantôt d'en accélérer, tantôt d'en atténuer les mécanismes.

*
* *

Comment atténuer la malfaisance d'un virus ? Tel est le nouveau défi de Pasteur et de son équipe. Le tout jeune Émile Roux, l'une de ses dernières recrues, va jouer un rôle crucial. Il se murmure que, déjà, pour le vaccin qui allait sauver les poules, c'est de lui que serait venue l'idée géniale. Il se chuchote aussi que la contribution de Chamberland, autre assistant, a permis de franchir un pas décisif... Mais, silence ! C'est Pasteur, le héros de l'histoire. Ne rabotons pas sa gloire. Sauf à considérer que son premier mérite est justement d'avoir constitué et conservé un tel commando. Patience, nous y viendrons.

Pour l'heure, le bacille du charbon en voit de toutes les couleurs : pour l'affaiblir on le chauffe, on l'enivre d'oxygène. Et, s'il faut le tuer, quel liquide préférer : l'acide phénique ou le bichromate de potassium ? Discussions quotidiennes au sein de l'équipe, parfois violentes. Enfin, il faut se lancer. Même s'il se trouvera toujours quelqu'un pour protester : « Nous ne sommes pas prêts. Attendons d'être sûrs ! »

Le baron de La Rochette, grand propriétaire, est, à Melun, président de la Société d'agriculture. Il offre à l'expérience sa ferme de Pouilly-le-Fort.

Le 5 mai 1881, une foule nombreuse déferle par la gare locale de Cesson : paysans, élus, pharmaciens, vétérinaires... La plupart, sceptiques, ricanent en voyant Pasteur et ses assistants procéder à la première série d'inoculations : vingt-cinq moutons et cinq vaches parqués dans un hangar.

Le 17 mai, nouvelle inoculation des mêmes animaux avec le virus moins atténué, donc plus virulent que le précédent.

31 mai : toujours devant la même foule, le bacille du charbon (plus du tout atténué) est inoculé aux trente animaux vaccinés, mais aussi à vingt-cinq moutons et cinq vaches qui n'ont reçu aucun traitement.

L'attente commence.

Et les tensions montent dans l'équipe : avons-nous choisi le bon vaccin ? Ne fallait-il pas poursuivre les recherches ? Si les vaccinés meurent, nous devrons, dans la honte, fermer notre laboratoire...

Jours d'angoisse. Nuits sans sommeil, car quelques bêtes traitées souffrent de fortes fièvres.

Une semaine plus tard, quand il revient à Pouilly, des acclamations l'accueillent. Tous les animaux non vaccinés sont morts : leurs cadavres gisent, alignés sur le sol. Tous les vaccinés broutent ou gambadent.

*
* *

Quel nom donner à ces êtres minuscules dont on ne peut découvrir l'existence qu'à travers l'optique d'un microscope ? Vibrions, virus, bactéries, bactéridies... ? On devrait pouvoir trouver mieux.

Le docteur Sédillot, un retraité actif, ancien directeur de l'École de santé militaire de Strasbourg, écrit à Littré en janvier 1878. Il vient d'inventer un terme et voudrait l'avis du plus grand linguiste du temps.

La réponse ne tarde pas :

« Très cher confrère et ami, *microbe* et *microbie* sont de très bons mots. Pour désigner les animalcules je donnerais la préférence à microbe, d'abord parce que, comme vous le dites, il est plus court, puis parce qu'il réserve microbie, substantif féminin, pour la désignation de l'état de microbe... Et maintenant, laissons ce mot se défendre tout seul, ce qu'il fera sans doute. »

Plus tard, après la mort de Pasteur, la recherche permettra de distinguer entre les différentes espèces d'animalcules.

Si les bactéries sont des cellules à part entière, dotées de tous les mécanismes nécessaires à la vie, les virus, démunis de ces mécanismes, les parasitent, et c'est ainsi qu'ils peuvent développer leurs stratégies malfaisantes.

Entre-temps, adopté par Pasteur et par tous ses successeurs, le mot microbe, conformément aux prévisions de Littré, allait faire le tour du monde.

*
* *

Londres, août 1881.
Palais Saint-James.
Les trois mille participants du Congrès international de médecine applaudissent Louis Pasteur venu présenter son expérience de vaccination des moutons.
Koch, à sa place, ronge son frein. Il se sait mauvais orateur. Il préfère l'écrit pour porter son attaque.
L'article paraît à la fin de l'année.

« L'expérience de Pasteur dans la ferme de M. Maunoury, outre qu'elle n'a pas de valeur, a même une teinte de naïveté... Nous ne devons rien à ce monsieur qui ait enrichi la connaissance de la maladie du charbon. »

La réplique de Pasteur, quand il prend connaissance du brûlot, est bien dans sa nature :

« Quand j'en aurai l'occasion, je répondrai avec une expérience de façon de lui donner une leçon de méthode. »

C'est en Allemagne qu'il faut porter le fer. D'autant que des éleveurs locaux, avertis des succès remportés en France, veulent bénéficier du traitement.

Pasteur envoie Thuillier, l'un de ses plus fidèles assistants. Celui-ci s'installe dans une ferme de Packisch, à un kilomètre au sud de Berlin. Une première campagne n'apporte pas de résultats concluants. Thuillier en précise le protocole.

Et la seconde vaccination confirme le triomphe de Chartres. Les deux cent cinquante moutons traités sont sauvés. Les autres sont morts.

Koch ne veut pas admettre sa défaite. Il ne croit toujours pas à l'atténuation des virus. Et l'heure n'est pas pour lui à l'humilité. Deux victoires majeures viennent de le porter au sommet de la gloire. D'abord, le 24 mars 1882, il a pu annoncer la découverte du bacille responsable de la plus terrible maladie du temps, la tuberculose. L'industrialisation avait attiré dans les villes de plus en plus de ruraux. Ils s'y entassaient dans des logements insalubres où la mortalité pouvait dépasser les quarante pour cent. À Lille, soixante pour cent des enfants d'ouvriers mouraient avant l'âge de cinq ans.

Koch est de la même espèce que Pasteur. Il ignore ce que le mot repos veut dire. Pas question alors de savourer ce premier triomphe. Un autre fléau, le choléra, vient de toucher l'Égypte. Dédaignant le péril, Koch s'embarque pour Alexandrie. Il y retrouve un élève de Pasteur, Thuillier, qui, contaminé à son tour, va bientôt mourir. Le bacille assassin échappe toujours aux recherches. Koch l'identifiera en Inde, à Calcutta, en février 1884.

Pasteur, sonné, se rend compte que l'Allemand est en train de lui ravir la place de premier scientifique d'Europe. Comble de l'humiliation : Jules Ferry, le ministre *français* des Affaires étrangères, épingle au revers du veston de l'*ennemi* la croix de la Légion d'honneur.

Seule la rage permettra à Pasteur de regagner son rang.

*
* *

L'atténuation de la virulence du virus…

Pasteur la constatait, furieux de n'en pas percer le mécanisme.

Il allait encore falloir cent autres années de recherches pour le comprendre.

Prenez l'exemple de la maladie du charbon. La bactérie se protège en fabriquant une capsule. Elle s'y enferme, pouvant ainsi résister aux attaques du système immunitaire. Mais qui donne le pouvoir à la bactérie de se bâtir cette capsule protectrice ? Un ou plusieurs gènes, eux-mêmes portés par un chromosome.

Quand, pour une raison ou pour une autre, ces gènes perdent ce pouvoir, la bactérie perd sa capacité à construire cette capsule. Le système immunitaire n'en fait alors qu'une bouchée.

Gloire et remontrance

27 avril 1882.

Paris, 23 quai Conti, face au Louvre.

En séance solennelle, l'Académie française reçoit un nouveau membre. Sous la coupole se presse le Tout-Paris.

À la tribune, en tant que directeur, Ernest Renan occupe la place centrale. C'est lui qui, faisant taire le brouhaha mondain, déclare la séance ouverte. Lui qui prononce la phrase rituelle : « La parole est à monsieur Louis Pasteur pour la lecture de son remerciement. »

Le savant se lève. Sur son costume vert flambant neuf, le grand cordon de la Légion d'honneur ne manque pas d'impressionner.

Selon la tradition, vieille déjà de deux cent cinquante ans, il doit prononcer l'éloge de son prédécesseur. En l'occurrence, Émile Littré.

On a beau vouloir raconter un autre, on ne parle jamais que de soi. Quand Pasteur rend hommage au père de Littré, c'est au sien qu'il pense, l'un de ces hommes qui, par la faute des circonstances, n'ont pu « remplir tout leur mérite. Souvent par une compensation de la destinée, ces hommes inconnus préparent à leurs fils une vie glorieuse ».

Alors qu'il salue Mme Littré mère, c'est sa propre mère qu'il fait revivre, une femme d'une « grande énergie morale, un profond sentiment de la justice, une ardeur extraordinaire pour les principes et les idées généreuses nées de la Révolution. C'était une Romaine ».

Issu d'une telle origine, Littré ne pouvait être que ce qu'il fut : un saint laïque.

Et même si le manque d'argent et une profonde timidité l'empêchèrent d'achever, juste avant leur terme, des études de médecine, il se dépêcha d'entreprendre une nouvelle édition d'Hippocrate. Il avait trouvé sa manière de soigner ses frères humains. L'érudition n'est pas un refuge : c'est, pour ceux qui craignent la lumière, le seul mode d'agir sur le monde, doucement, presque secrètement, comme à voix basse.

Dernière qualité reconnue à Littré, et peut-être la principale aux yeux de Pasteur : la façon qu'il avait eue de mettre au travail sa femme et sa fille. Songeant à lui-même, à Marie et à Marie-Louise, Pasteur tire son chapeau. Un homme qui emploie ainsi ses plus proches au service du grand œuvre d'un chef de famille, cet homme-là ne peut pas être mauvais.

Et pourtant...

« J'ai tant à louer et de tant de côtés, dans cette belle vie de Littré, que vous excuserez ma sincérité... »

Les rafales commencent. Pasteur redevient lui-même, c'est-à-dire rugueux, plutôt méprisant et donneur de leçons.

« Première erreur, M. Littré, et qui vous rend ridicule. Vous admirez Auguste Comte, à sa suite vous vous dites "positiviste" et vous érigez en dogme la méthode de "l'expérience". Mais vous et votre Auguste n'avez pas la moindre idée de la rigueur nécessaire à toute expérimentation véritable. D'ailleurs, ce que vous appelez "science" ou "sociologie" n'est que spéculation. La preuve ? La paix, dites-vous en 1850, est prévue par la sociologie. Que n'avez-vous fait partager vos certitudes aux armées allemandes ! »

Second reproche, plus terrible :

« Vous vous acharnez à laisser au-dehors de vos préoccupations la plus importante des notions positives, celle de l'infini. Cette notion qui a le double caractère de s'imposer et d'être incompréhensible, cette notion dont je vois partout l'inévitable expression. Le surnaturel est au fond de tous les cœurs. L'idée de Dieu est une forme de l'idée d'infini. »

Et Pasteur se rassied, satisfait.
Allons, je l'ai bien remis à sa place, mon prédécesseur, par ailleurs savant sur beaucoup de choses, et brave homme.

C'est au tour de Renan de se lever. Et de prendre la parole.

Le glorieux petit nouveau de l'Académie va recevoir une volée de bois vert dont il se souviendra.

Il faut lire et relire Renan !

Dans son domaine, il avait fait montre de la même rigueur que Pasteur. Et du même courage. N'avait-il pas osé passer le personnage réel de Jésus au crible de la critique historique, et d'abord de la méticuleuse vérification des sources ? A-t-il vraiment existé, ce Jésus ? Légende ou vérité ? Que valent les témoignages ? Quels furent vraiment ses actes ? Jusqu'à la conclusion de l'enquête, qui paraît aujourd'hui bien anodine mais qui, s'agissant du fils de Dieu, entraîna des émeutes : « Jésus, cet homme incomparable. »

Tel est celui qui, du haut de son bureau de directeur, s'adresse au nouvel élu :

> « Nous sommes bien incompétents, Monsieur, pour louer ce qui fait votre gloire, ces expériences admirables par lesquelles vous atteignez jusqu'aux confins de la vie, cette ingénieuse façon d'interroger la Nature qui tant de fois vous a valu de sa part les réponses les plus claires.
>
> « En un mot, Monsieur, vous avez ce quelque chose qui appartient au même degré à Galilée, à Pascal, à Michel-Ange et à Molière : le génie.
>
> « Mais ce n'est pas une raison pour mépriser les disciplines qui ne sont pas les vôtres.
>
> « Chez nous, vous finirez par trouver que les prudentes abstentions de M. Littré avaient du bon. Vous assisterez aux peines que se donne notre philosophie pour faire la part de l'erreur. À la vue de tant de bonnes choses qu'enseignent les lettres, en apparence frivoles,

vous arriverez à penser que le doute discret, le sourire, l'esprit de finesse dont parle Pascal, ont bien aussi leur prix. En un mot, Monsieur, nous vous communiquerons nos hésitations ; vous nous communiquerez votre assurance... Soyez le bienvenu. »

Un ami des bêtes ?

Si les lapins ont l'élégance de souffrir en silence, les chiens, quand ils ont mal ou peur, n'aboient pas : ils hurlent.

Les habitants de la rue Vauquelin ne supportaient plus le déchirant vacarme qui s'échappait du laboratoire de Pasteur. Les pétitions se multipliaient. Il fallut se résoudre à déménager pour installer ailleurs les ménageries, dans un lieu où la trop bruyante souffrance animale ne dérangerait personne.

Ainsi fut choisi le domaine de Villeneuve-l'Étang.

Parmi tous les adversaires de Pasteur, les défenseurs des animaux n'étaient pas les moins déterminés. C'est en Angleterre qu'une société de protection se montrait la plus active. Elle avait réussi à faire voter une loi interdisant la vivisection.

Et Claude Bernard se souvenait que, jeune préparateur de l'illustre Magendie, le grand physiologiste, il avait vu arriver un jour dans le laboratoire un vieillard vêtu d'un habit à col droit, coiffé d'un chapeau à larges bords : l'uniforme des quakers, société religieuse composée de dissidents de l'Église anglicane. Ce visiteur avait demandé l'arrêt immédiat des expériences en cours :

« Vous n'avez pas le droit de faire mourir des animaux. Vous donnez à vos semblables l'habitude de la cruauté. »

Le quaker n'entendant rien à l'argument des besoins de la science et continuant de répéter qu'inspiré par Dieu il s'était donné trois missions : éradiquer de la Terre la guerre, la chasse et la vivisection, il avait fallu le chasser.

La société anglaise continua le combat et envoya à Napoléon III une lettre de remontrances : combien de temps encore la France accepterait-elle de telles pratiques barbares ?

L'empereur transmit la missive à l'Académie de médecine, Claude Bernard fut chargé de la réponse :

« Vous me demandez quelles sont les principales découvertes que l'on doit aux vivisections... Il n'y a pas un seul fait qui ne soit la conséquence directe et nécessaire d'une vivisection. Depuis Gallien qui a coupé les nerfs laryngés et appris ainsi leurs usages sur la respiration et la voix, depuis Harvey qui a découvert la circulation, Pecquet et Aselli les vaisseaux lymphatiques, Haller l'irritabilité musculaire, Bell et Magendie les fonctions des nerfs, et tout ce que l'on a appris depuis l'extension de cette méthode des vivisections, qui est l'unique méthode expérimentale ; en biologie, tout ce qu'on sait sur la digestion, la circulation, le foie, le sympathique, les os, le développement, tout, absolument tout, est le résultat des vivisections, seules ou combinées avec d'autres moyens d'études. »

Dont acte, rétorquent les sociétés de protection.

Mais, une fois de plus, les humains sacrifient des animaux. Non contents de les asservir et de les dévorer, ils les torturent au nom d'un progrès qui ne concerne que les hommes.

C'est Darwin lui-même qui, en 1881, prolonge l'argumentation de la défense :

> « La physiologie ne peut faire aucun progrès si l'on supprime les expériences sur les animaux vivants, et j'ai l'intime conviction que retarder les progrès de la physiologie, c'est commettre un crime contre le genre humain. [...] Voyez les résultats obtenus par les travaux de M. Pasteur sur les germes des maladies contagieuses : les animaux ne seront-ils pas les premiers à en profiter ? »

Les proches de notre héros, à commencer par monsieur Gendre, Vallery-Radot, dressent de lui le portrait d'un être des plus sensibles. On raconte son émotion quand il devenait nécessaire d'avoir recours à des animaux. Toujours il imposait l'usage du chloroforme pour les endormir. Jamais il n'opérait lui-même. Comment l'aurait-il pu ? Proche de l'évanouissement, il se bouchait les oreilles pour ne pas entendre hurler. Touchant tableau. On ne demande qu'à y croire. Le meilleur argument du dossier est ailleurs.

Pasteur fut d'abord un fabuleux *vétérinaire*. Si le Créateur avait jugé bon de les doter d'un langage compréhensible par nous, quelle émotion nous saisirait si des foules de poules célébraient le savant d'Arbois pour les avoir délivrées de la malédiction du choléra, si des armées de moutons, de vaches et de chevaux bêlaient, meuglaient, hennissaient leur gratitude d'échapper enfin, grâce au vaccin, à l'horreur du charbon, si un concert grognant de porcs disait leur satisfaction de n'avoir plus à craindre la terrible maladie du rouget.

Même s'il faudrait tendre l'oreille pour distinguer leurs voix ténues, les vers à soie eux-mêmes, qui ont de la mémoire et se souviennent des ravages causés dans leurs rangs par la pébrine et la flacherie, se joindraient à la louange. Bienfaiteur de l'humanité, certes ! Mais aussi grand ami des bêtes.

Vaincre la rage

Loin de moi la volonté de m'immiscer dans votre vie privée ou, pire encore, de vouloir restreindre votre liberté de mouvement, mais le fait est là : un jour, vos pas vous conduiront à croiser la route d'un animal.

Ce peut être un chien, un renard ou un loup, mais aussi un gentil chevreuil, une vache, un coyote, un raton laveur, une chauve-souris.

Malgré vos manières douces, vous êtes mordu(e). Autre hypothèse : grâce à vos manières douces, vous êtes léché(e).

Bientôt l'épisode vous sort de la mémoire, car rien d'anormal ne vous arrive.

Un mois passe, puis deux, parfois six.

Un beau jour, une angoisse inexpliquée vous étreint la poitrine. Vous commencez à vous agiter. Des visions vous apparaissent. On vous comprend de moins en moins quand vous parlez.

La nuit, vous ne dormez plus. Vous bavez, vous pleurez, vous délirez, vous vous tordez en tous sens. Le virus de la rage a fini son lent parcours le long de vos nerfs. Il est en train d'envahir votre cerveau. Je vous plains. Atroces sont vos souffrances, mais ne vous impatientez pas trop. Dans un jour, au plus tard deux, vous serez mort.

Vous n'avez pas eu de chance. Cette maladie tue peu, très peu d'êtres humains. Mais la seule prononciation de son nom, la rage, nous glace le sang depuis la nuit des temps.

Celui qui nous délivrera de cette hantise gagnera la gloire et la gratitude générale.

Pasteur prend le train en marche. D'autres, avant lui, se sont lancés dans la recherche avec déjà de beaux résultats. Mais il décide de s'emparer du sujet.

Pierre Victor Galtier est vétérinaire. C'est lui, n'en déplaise au maître, qui a eu l'idée de recourir au lapin. L'une des difficultés, avec la rage, c'est la durée de l'incubation, souvent plusieurs mois. Devant leurs animaux cobayes, les chercheurs piaffent. Le lapin se révèle beaucoup plus réactif. La maladie se déclenche chez lui au bout de dix-huit jours au plus. C'est encore Galtier, comme l'admet Émile Roux (le disciple a moins d'ego que le maître), qui aurait immunisé un mouton, dès 1881, en lui inoculant le virus.

Si Pasteur n'est pas toujours le précurseur, il a le génie de poursuivre les idées, de rassembler les données, d'inventer des expérimentations qui démontrent scientifiquement la vérité de l'hypothèse et la fiabilité des traitements.

La rage ne se développant qu'une fois atteint le cerveau, pourquoi ne pas l'inoculer directement dans le crâne des lapins ?

Dans le laboratoire, les trépanations se succèdent, toujours sur des lapins endormis par des bouffées de chloroforme.

Il s'agit d'abord de produire le virus le plus puissant possible.

Injectons dans le crâne d'un lapin sain un extrait du cerveau d'un lapin malade. L'incubation tombe à quatorze jours. Renouvelons l'exercice, de lapin malade à lapin sain, aussi longtemps que baisse le temps d'incubation. Au vingt et unième lapin, on arrive à huit jours. Impossible de faire mieux. Il peut être ainsi considéré que le virus obtenu atteint là sa virulence maximale. Souvenons-nous qu'en latin *virus* signifie poison.

Maintenant, comment parcourir le chemin inverse ?

L'objectif est simple : atténuer peu à peu cette virulence pour l'empêcher de tuer. Tout en lui gardant assez de force pour que l'organisme du malade développe, en devant lutter contre lui, des stratégies de défense : la fameuse immunité.

Une nouvelle querelle de paternité peut ici être soulevée. Un jour, en l'absence d'Émile Roux, Pasteur voit des bocaux dans lesquels sont suspendus des moelles de lapin. Au fond des bocaux : de la potasse. Pasteur comprend tout de suite l'expérience menée par son disciple : dessécher l'air grâce à la potasse. Et savoir si la violence du virus présent dans la moelle en est affectée. Rappelons que Roux avait commencé à travailler sur la rage bien avant Pasteur. Quoi qu'il en soit, c'est le maître qui, sans hésitation ni scrupule, reprend à son compte l'hypothèse.

Roux n'a jamais protesté. Et même si l'ambiance s'alourdit une semaine ou deux dans le laboratoire, les recherches s'accélérèrent sous la direction d'un patron pour qui plus rien d'autre ne comptait.

On commence par inoculer à un chien de la moelle de lapin desséchée durant quatorze jours, donc presque inoffensive. Le lendemain, nouvelle inoculation avec de la moelle desséchée treize jours. Et ainsi de suite jusqu'à la moelle d'un lapin mort le matin même.

Ensuite, on enferme le chien dans une cage... déjà occupée par d'autres chiens, enragés ceux-ci. Qui se jettent sur le nouvel arrivant. Lequel est cruellement mordu. Mais ne contracte pas la rage.

Juin 1884. L'activité des chercheurs devient frénétique, même si Marie écrit à ses enfants :

> « Pour votre père, rien de changé. Il me parle peu, dort peu, se lève dès l'aurore, en un mot continue la vie que j'ai commencé avec lui il y a trente-cinq ans aujourd'hui. »

Il faut toujours plus de lapins, toujours plus de chiens. Une fois traités, on les fait mordre par les enragés. S'ils résistent, on les considérera comme *vaccinés*.

Une « commission rabique » est créée. Rassemblant toutes les autorités compétentes, elle valide les résultats de Pasteur et l'autorise à les communiquer au Congrès médical international à Copenhague... De nouveau, une salle l'acclame debout.

Les chiens et les lapins ayant donné – au prix de quelles souffrances ! – tout ce qu'ils pouvaient, reste l'ultime étape. Sauver ces bêtes, c'est très bien, mais quand allez-vous appliquer vos méthodes à l'homme ?

Contrairement à beaucoup de ses collaborateurs, dont Émile Roux, qui estiment nécessaire de poursuivre encore les recherches, Pasteur se sent prêt.

Tout à sa mission, il ne se laisse déranger par rien d'autre, pas même des scrupules d'ordre humanitaire.

En septembre, comme une lettre de l'un de ses admirateurs les plus fervents, l'empereur du Brésil, lui demande des nouvelles de ses travaux, sa réponse fait frissonner :

« Je n'ai rien osé tenter jusqu'ici sur l'homme, malgré ma confiance dans le résultat et malgré les occasions nombreuses qui m'ont été offertes depuis ma dernière lecture à l'Académie des sciences. Je crains trop qu'un échec ne vienne compromettre l'avenir. Je veux réunir d'abord une foule de succès sur les animaux. À cet égard, les choses marchent bien. J'ai déjà plusieurs exemples de chiens rendus réfractaires après morsures rabiques...

« Mais, alors même que j'aurai multiplié les exemples de prophylaxie de la rage sur les chiens, il me semble que la main me tremblera quand il faudra passer à l'espèce humaine.

« C'est ici que pourrait intervenir très utilement la haute et puissante initiative d'un chef d'État, pour le plus grand bien de l'humanité. Si j'étais Roi ou Empereur ou même Président de République, voici comment j'exercerais le droit de grâce sur les condamnés à mort. J'offrirais à l'avocat du condamné, la veille de l'exécution de ce dernier, de choisir entre la mort imminente et une expérience qui consisterait dans des inoculations préventives de la rage pour amener la constitution du sujet à être réfractaire à la rage. Moyennant ces épreuves, la vie du condamné serait sauve. Au cas où elle le serait – et j'ai la persuasion qu'elle le serait en effet – pour garantie vis-à-vis de la société qui a condamné le criminel, on le soumettrait à une surveillance à vie.

« Tous les condamnés accepteraient. Le condamné à mort n'appréhende que la mort...

« J'attache tant d'importance à ces mesures que si Votre Majesté partageait mes vues, malgré mon âge et mon état de santé, je me rendrais volontiers à Rio de Janeiro pour me livrer à de telles études de prophylaxie de la rage ou de contagion du choléra et des remèdes à lui appliquer.

« Je suis, avec un profond respect, de Votre Majesté le très humble et très obéissant serviteur... »

En rejetant la proposition, Dom Pedro donne au savant une belle leçon d'humanité :

« Vous devez savoir peut-être que, depuis quelques années, dans mon pays la peine de mort est modérée par le souverain et que son exécution est suspendue indéfiniment. Si le vaccin de la rage n'est pas d'un effet incontestable, qui préférera une mort douteuse à celle qui serait presque irréalisable ? Même dans le cas contraire, qui pourrait consentir à un suicide possible, sinon probable ? »

*
* *

La suite est connue, l'une des plus souvent racontées de toutes les histoires des sciences.

Au même titre que Galilée jurant devant le tribunal religieux qu'il s'était trompé, et que, bien entendu, il n'y avait pas de chose plus immobile dans le ciel que la Terre, ne pouvant tout de même s'empêcher de marmonner : « ... et pourtant, elle tourne. »

Au même niveau de notoriété mondiale que la pomme de Newton, celle qui lui donne, en tombant, l'idée de la gravitation universelle.

Voici l'histoire devenue légende, autant appréciée des petits que des grands.

Dans cette si belle province d'Alsace toujours française de cœur mais avalée par l'Allemagne après la défaite de 1871, il était une fois Maisonsgoutte, un village rebaptisé Meissengott par les envahisseurs.

Le 4 juillet 1885, le jour s'est levé sur ce village, un jour semblable à tous les autres jours, sans qu'il se doute que la gloire l'attend. Lueur à l'est, puis brume légère peu à peu dissipée. L'été brille maintenant de tous ses feux et l'air bruisse du grésillement des abeilles. Voici que remonte en sifflotant la rue principale le jeune Joseph Meister. Il va chercher de la levure pour son boulanger de père.

Soudain, le chien de M. Vonné, l'épicier, se jette sur ce garçon serviable et le mord sauvagement à la main droite et aux cuisses.

Affolement général. Le même mot terrible court par le village : la rage ! la rage ! Le chien, furieux, se lance sur son maître. On finit par l'abattre. Le pauvre Joseph titube. Il est transporté chez le bon docteur Weber qui, non content de désinfecter ses plaies, décide de l'envoyer à Paris. Un grand savant s'y trouve, qui saura le soigner.

C'est ainsi que le 6 juillet se présente à la porte de la rue d'Ulm un trio éperdu : Joseph, sa mère et le propriétaire du chien. Pasteur rassure rapidement ce dernier : vos vêtements vous ont protégé... aucune trace de dents sur la peau... vous pouvez rentrer chez vous. Quant à Joseph, il est installé dans une chambre du collège Rollin, l'annexe du laboratoire.

L'équipe se réunit.

Il faut se décider. Vite.

Traiter ou ne pas traiter l'enfant ?

Sommes-nous prêts ? Nos expériences nous ont-elles permis d'accumuler assez de savoirs ? Sommes-nous certains qu'un humain aura les mêmes réactions qu'un chien ou qu'un lapin ?

Émile Roux continue de plaider pour le principe de précaution, même si le malheureux petit Alsacien doit en faire les frais. L'affaire est trop grave, répète-t-il. Un échec ruinerait des années de recherches et jetterait sur nous le discrédit.

Mais c'est Pasteur le chef, et il souhaite agir.

Les deux sommités médicales qu'il a fait venir partagent son avis. Il s'agit de Joseph Grancher, chef de service aux Enfants malades, et du célèbre neurologue Alfred Vulpian.

Le petit Meister reçoit sa première piqûre le 6 juillet à huit heures du soir. Dans la seringue, une solution faite à partir de moelle d'un lapin mort de la rage deux semaines plus tôt et, depuis lors, tenue à dessécher dans un flacon.

Chaque jour, Joseph reçoit une injection de moelle de moins en moins longtemps desséchée, donc de plus en plus virulente.

Il se croit en vacances. Le traitement ne lui prend que quelques minutes et ne fait pas mal. Le reste du temps, il le passe à jouer avec les animaux du laboratoire.

Les savants ne quittent pas des yeux leur petit pensionnaire. Ils suivent et interprètent le moindre de ses mouvements, guettant le plus petit changement dans son comportement.

Ne le trouvez-vous pas plus pâle qu'hier ?
Et là, n'a-t-il pas titubé ?
Cette agitation frénétique, mauvais signe, non ?
Allons voyons, c'est un enfant qui s'amuse !
Et s'il avait la fièvre ?
Puisque je te dis que sa température est stable.
Mais enfin, regardez, de la sueur lui perle aux lèvres et d'ailleurs il avait moins d'appétit à midi…

Plus on avance dans le traitement et plus monte l'angoisse, car plus croît la virulence du liquide présent dans la seringue.

Le plus fidèle témoin des tourments de Pasteur, c'est Marie. Comme toujours.

> « Mes chers enfants, encore une mauvaise nuit pour votre père. Il ne s'accoutume pas du tout à l'idée d'opérer en dernier ressort sur cet enfant. Et cependant, il faut bien maintenant s'exécuter. »

Le 16 juillet, à onze heures du matin, dernière inoculation. De la moelle prélevée seulement la veille sur un lapin malade. Assez méchante pour tuer en une semaine n'importe quel animal. Joseph s'en retourne jouer avec ses amis les cobayes et les souris, les lapins et les chiens.

Et Pasteur s'en va.

Contre toute attente, contre toute raison, lui qui aime affronter, lui qui n'a jamais fui devant aucune responsabilité, lui qui ne connaît que le travail, lui qui ne sait pas ce que repos veut dire, il confie l'enfant au docteur Grancher et part.

C'est au moment où tout se joue, la guérison du patient et la gloire, ou bien sa mort et la curée prévisible, c'est à ce moment-là, sans doute le plus crucial de toute sa vie, que Pasteur décide de prendre de vraies vacances. Il va rejoindre sa fille en Bourgogne près d'Avallon. Ensemble ils s'émerveillent des paysages et visitent les hauts lieux historiques, dont la basilique de Vézelay où Bernard de Clairvaux prêcha la deuxième croisade.

Chaque matin, Grancher envoie un bulletin : tout va bien.

Toute journée gagnée est une victoire. Un peu de tension qui s'en va. Un peu d'espoir qui grandit.

Après quelque temps de ce tourisme, Pasteur regagne Arbois... où Joseph lui écrit.

Avant de partir, il avait préparé pour lui des lettres déjà timbrées.

« Cher monsieur Pasteur, je me porte bien et je dort bien et jè aussi bonne appétie. »

Le 27 juillet, après un ultime examen, le docteur Grancher juge Joseph en pleine forme et l'autorise à rentrer chez lui.

Il y aura bientôt un mois qu'un chien enragé l'a mordu.

Arbois.
Imaginez ce mois d'août 1885.
Un été de Pasteur, semblable à tous les autres.

Chaque matin, dans son vaste salon du rez-de-chaussée, il reçoit. Quelle diversité dans ces visites ! Des jeunes, des vieux, des hommes, des femmes, des instruits, des incultes, des presque riches, des tout à fait pauvres... Et quelle ressemblance entre les motifs de ces visites ! Tout le monde vient demander la même chose : l'intervention du grand homme, ami des puissants. Pour tout et n'importe quoi. Une affectation, une décoration, une promotion, l'annulation d'une décision injuste, l'obtention d'une bourse pour Auguste, le fils de ma sœur, vous savez, si vaillante depuis son veuvage...

Pasteur hoche la tête, compatit, promet sans promettre, je vais faire mon possible, je ne voudrais pas vous donner de fausses joies. On le remercie. Certains osent lui demander des nouvelles : et la rage ? Ça avance, merci. Il reconduit jusqu'à la porte. Au suivant. Monsieur Bertier, alors, ce neveu ?

À midi pile, il passe dans la pièce voisine pour le déjeuner en famille. Pasteur coupe le pain et le distribue. S'il fait beau, une sieste au jardin, le chapeau sur les yeux. Pas de plus douce berceuse que les clapotis de la rivière Cuisance.

Puis, jusqu'au soir, travail dans le laboratoire du premier étage. Un point sur les recherches en cours, discussion avec les collaborateurs venus partager cette villégiature active, réflexions, nouvelles hypothèses...

Tant de mystères demeurent dans les mécanismes de la vie, encore tant de batailles à mener contre les agents de la mort.

Dîner, pas trop long.

Travailler de nouveau, jusque tard dans la nuit. D'ailleurs, à quoi bon se coucher ? Le sommeil a décidé de m'éviter. Que lui ai-je donc fait, qu'il n'aime pas ?

C'est peut-être à cet indice, la succession de nuits blanches, qu'on peut comprendre l'originalité de cet été 1885.

Rendez-vous compte : le temps que le jour se lève, dans quatre, cinq heures, puis le temps qu'arrive le facteur, peut-être deux heures plus tard, si les nouvelles de Joseph sont toujours aussi bonnes, la certitude d'avoir triomphé de la rage aura encore avancé d'un pas...

Maintenant, nous sommes le 20, puis le 25 août, bientôt *deux* mois après les morsures. L'événement qui ne va pas tarder à éclater est une bombe. Au-delà des scientifiques, elle va frapper la Terre entière : la rage est vaincue ! Et grâce à qui ? À moi, Pasteur, eh oui, ce vieil homme qui écoute gentiment vos doléances, qui coupe le pain de ses enfants et qui, après déjeuner, s'endort comme les gens de son âge, le long de la rivière, un chapeau sur l'œil.

Mais Pasteur se tait.

Pas de communiqué triomphal, contrairement à ses habitudes. D'ailleurs, c'est l'été. Tout le monde se moque de tout, sauf du soleil. Et l'Académie des sciences a fermé boutique.

On attendra l'automne.

Mi-octobre : alors qu'il est revenu d'Arbois et continue de travailler comme si de rien n'était (Joseph se porte toujours comme un charme), Pasteur reçoit une lettre de son cher Jura. Le maire de Villers-Farlay lui raconte la terrible histoire suivante :

« Six petits bergers gardaient leurs troupeaux dans un pré. Tout à coup ils virent sur la route un chien de forte taille qui passait, la gueule pleine de bave. "Un chien fou !" s'écrièrent-ils, le mot fou étant pour eux synonyme d'enragé. À leur vue, l'animal quitte la route pour se précipiter sur eux. La bande des enfants se sauve en poussant des cris. Le plus âgé, qui était dans sa quinzième année, J. B. Jupille, voulut protéger la fuite de ses camarades. Armé de son fouet, il marche droit sur l'animal. D'un bond, le chien se jette sur Jupille et lui mord la main gauche. Une lutte s'engage, Jupille terrasse le chien. Puis, de sa main droite, il lui ouvre la gueule pour dégager sa main gauche, toujours serrée comme dans un étau. Il y parvient, mais sa main droite reçoit à son tour de graves morsures. Il lutte encore. Il saisit le chien par le cou. Pendant le combat, son fouet est tombé. Il appelle son petit frère qui revient sur ses pas, ramasse et apporte le fouet. De la lanière, Jupille lie la gueule du chien. Prenant alors son sabot, il frappe et assomme l'animal. Enfin, pour être bien sûr que la bête ne mordra plus, ne bougera plus, il la traîne jusqu'au ruisseau qui coule le long du pré et lui tient plusieurs minutes la tête sous l'eau. »

Pasteur accepterait-il de soigner ce jeune héros ?
La réponse est celle qu'on imagine :

« Qu'il vienne, je le garderai près de moi dans une chambre... Mais hâtez-vous. Je me suis occupé du petit Joseph à peine plus de deux jours après ses morsures. Cette fois, même si vous arrivez au plus vite, plus de six se seront écoulés... »

Jupille est traité.
Jupille est sauvé.

Une mécanique s'emballe, que plus rien ne peut arrêter. Le 26 octobre, Pasteur expose devant l'Académie des sciences le traitement appliqué à Meister et son plein succès. Acclamations. Et, sur proposition du baron Larrey, un prix de vertu est voté dans l'enthousiasme pour le berger Jupille. Dès le lendemain, des « mordus » se présentent rue d'Ulm. Il en vient de toute la France, et, bientôt, du monde entier. Quatre petits Américains traversent l'Atlantique grâce à une subvention ouverte dans le *New York Herald*. Fête nationale, presse délirante quand ils reviennent, tous sauvés. Et maintenant c'est de Smolensk, cœur de la Russie, qu'accourent dix-huit moujiks et leur pope, tous agressés par un loup enragé. Seize survivront.
    Le tsar Alexandre III décore Pasteur de la grand-croix de Sainte-Anne.

*
* *

Sans relation prouvée avec les « événements » de mai, une vague de rage frappa les renards français en 1968. Ni les campagnes d'empoisonnement des animaux ni les piégeages ne vinrent à bout du fléau. Il fallut attendre encore vingt ans pour qu'une nouvelle méthode prouve son efficacité : d'hélicoptère on largua un peu partout des appâts... vaccinants.

Une guerre civile dans le Jura

Depuis 1665, chaque premier dimanche de septembre, la population d'Arbois offre à saint Juste, patron de la paroisse, les prémices de la vendange. Une grappe géante, on l'appelle le *biou*, faite de milliers de grains, est portée jusqu'à l'église. Des musiciens le précèdent, la foule suit. Ainsi, dans la Bible (Nombres, 13, 20-24) les envoyés de Moïse reviennent de leur exploration avec de magnifiques raisins : ce faisant, ils prouvent l'existence de la Terre promise.

En ce septembre 1885, c'est à Pasteur qu'a été confié l'honneur de mener le cortège.

Sur le chemin du retour, une douche d'eau glacée s'abat soudain sur lui : un pompier a jugé bon et drôle d'arroser le grand homme.

Stupeur, indignation. Son gendre, Vallery-Radot, s'exclame : « Partout on l'honore, ici on l'insulte. »

Le monde entier s'étonne : comment se fait-il ? Pasteur ne serait-il pas aimé par tous ?

Ces braves gens connaissent mal Arbois que la politique depuis longtemps déchire.

L'origine de ce crime de lèse-majesté remonte à onze années plus tôt. Lors de la remise des prix au collège, Pasteur avait prononcé un discours dans lequel il fustigeait les libres-penseurs. Fureur des concernés, nombreux dans la petite cité frondeuse.

Un peu plus tard, Pasteur accepte de se présenter au Sénat. Aucune ambition particulière dans sa décision, seulement l'espoir de mieux défendre au Parlement la cause de la science. Il n'est d'aucun parti. Mais, connaissant sa préférence pour l'ordre, tous les conservateurs se rangent derrière lui.

Un peu partout on se moque de cette nouvelle gourmandise de Pasteur pour les honneurs :

> *« De génération spontanée*
> *Une preuve serait donnée*
> *Si l'on voyait le bon Pasteur*
> *De rien, procréé sénateur... »*

La défaite est cruelle. En sa faveur, soixante-deux voix seulement alors que ses vainqueurs en recueillent respectivement quatre cent quarante-six et quatre cent quarante-cinq. Ils se nomment Tamisier et Thurel. Ce sera leur unique titre de gloire. Ils avaient pour seul mérite d'être soutenus par le potentat local, le très républicain Jules Grévy, futur président.
Simplifions en résumant : aimé et respecté par la moitié des Arboisiens, Pasteur irrite l'autre moitié.
Et voici qu'au printemps 1885 un certain Boilley est élu maire. Farouche libre-penseur, il a gardé dans sa mémoire les propos de Pasteur au collège. Et, virulent anticlérical, il ne supporte pas l'idée qu'on offre à

Dieu, voire pire, à son clergé, les raisins que l'homme seul, avec sa sueur et son travail, a cultivé.

Deux bious vont alors s'affronter.

Un biou laïque qui ira déposer la grappe géante de la mairie sur la place de la Liberté.

Et le biou traditionnel, c'est-à-dire religieux, qui se rendra, comme d'habitude, à l'église.

La polémique fait rage. Les deux journaux locaux s'insultent : *Le Carillon* (républicain) et *L'Abeille jurassienne* (conservateur).

Les libelles se déchaînent :

« Comment, citoyen, pouvez-vous croire ceci ? Un siècle après la révolution, un tonsuré, un ingénieur en retraite, un académicien hémiplégique et un menteur patenté vont singer les droits seigneuriaux et vont offrir un *biou* à un chanoine honoraire... »

« Ledit arbre ou *biou* sera porté par 12 esclaves, symboles des 12 apôtres ; lesquels seront escortés de 60 manants armés de lances, recrutées et déterrées des tumulus élevés par Jules César dans sa conquête de la Franche-Comté. Marchera en tête du cortège : Monseigneur le Prince microbique Pasteur. »

C'est dans ce climat que, de retour de l'église, Pasteur se fait arroser.

La guerre n'est pas finie. D'autant que lui-même ne désarme pas. L'apaisement n'est pas dans sa nature. Chaque fois que le maire, le bouillant Émile Boilley, décide d'un changement, par exemple le renvoi du principal du collège, jugé trop tiède républicain, Pasteur fait jouer ses hautes relations parisiennes pour s'y opposer.

La riposte municipale ne tarde pas.

En 1887, Arbois avait tenu à honorer son plus illustre habitant en baptisant de son nom l'artère sur laquelle donnait sa maison. Mais c'était avant la prise du pouvoir par les libres-penseurs.

Le 16 août 1889, par onze voix sur seize, le conseil municipal adopte la proposition de M. Gravel demandant le changement de dénomination de l'avenue Pasteur. Elle s'appellera désormais « avenue de la Gare ».

La décision est vite connue. Partout en France on s'indigne :

> « Cet acte grotesque est un des signes de la tyrannie et de la grossièreté de la démocratie vulgaire quand elle se croit triomphante. Pauvre pays ! Il est bien malade ! Les républiques de l'Antiquité ont toutes péri par l'envie et la jalousie. Les âmes viles ont la faveur populaire parce qu'elles ne se distinguent par aucune supériorité... »

Touché au plus profond dans son amour pour Arbois, Pasteur songe à déménager. Mme Pasteur se désole encore davantage : Arbois est son point fixe et le rendez-vous de sa famille.

L'âme en peine, les Pasteur choisissent un autre lieu de vacances : Saint-Aubin-sur-Mer.

Deux étés passent, 1890 et 1891.

Mais les pétitions se succèdent. Partout sur les murs d'Arbois on peut lire *Vive Pasteur !*

À la fin de septembre 1892, les Pasteur sont enfin de retour.

Sans tarder, le maire, ses adjoints et six conseillers viennent lui rendre visite et présenter leurs excuses pour cet « accès de mauvaise humeur ». Quant à l'avenue du litige, elle recouvrera son nom de Pasteur et, pour faire bonne mesure, sera prolongée.

C'est M. Boilley lui-même qui, l'année suivante, proposera d'appeler « Pasteur » le collège qui, jusqu'alors, s'appelait « d'Arbois ».

L'affront est lavé, la réconciliation générale.

Soigner, chercher, enseigner

L'École normale est devenue cour des miracles, et les équipes du laboratoire ont beau travailler jour et nuit, contaminer des dizaines, des centaines de lapins, aligner des dizaines, des centaines de bocaux où se dessèche leur moelle, l'offre ne répond plus à la demande. L'artisanat, propre à la recherche, doit passer la main à des méthodes industrielles : il s'agit maintenant de traiter le plus grand nombre.

Ainsi, fille du succès et de la nécessité, naît l'idée d'un Institut.

À peine connu le projet, des fonds affluent. Tout le monde veut y participer, de l'ouvrier à l'empereur du Brésil, de la reine du Danemark au paysan le plus humble. Les artistes offrent des concerts. Des femmes vendent leurs bijoux. L'enthousiasme est tel que les plus avaricieux consentent à donner.

Et puis l'économie se porte au mieux, quinze ans après la guerre franco-allemande. L'Europe s'industrialise à grande vitesse. Cette victoire sur la rage est le symbole même, l'expression de la confiance en l'avenir de ce XIXe siècle finissant. Un à un, la science élucidera tous les mystères, une à une elle vaincra toutes les maladies. La folie du grand suicide qui allait suivre en 1914-1918 ne peut se comprendre qu'au regard de la sorte d'ébriété qui l'a précédée.

Comment reprocher à Pasteur de n'avoir pas trouvé l'autre vaccin, celui qui empêcherait le monde de s'enrager lui-même ?

Le financement rapidement trouvé, on commence à bâtir dans la campagne de Vaugirard, au milieu des jardins maraîchers. Bientôt se dresse une grande maison, brique et pierre, style Louis XIII.

L'Institut aura trois missions : soigner, chercher, enseigner.

Pour l'inauguration, le 14 novembre 1888, la foule se presse. Banquiers, donateurs, savants, artistes, ambassadeurs, président de la République.

Les discours se succèdent. Succession de chiffres, d'hommages, de vœux pieux. Pasteur, assis, écoute. Ému et proche de l'épuisement.

Il n'a pas la force de lire l'allocution qu'il a préparée.

Jean-Baptiste, son fils, s'en charge :

> « La voilà donc bâtie, cette grande maison dont on pourrait dire qu'il n'y a pas une pierre qui ne soit le signe matériel d'une généreuse pensée. Toutes les vertus se sont cotisées pour élever cette demeure du travail.
>
> « Hélas ! j'ai la poignante mélancolie d'y entrer comme un homme "vaincu du temps", qui n'a plus autour de lui aucun de ses maîtres, ni même aucun de ses compagnons de lutte, ni Dumas, ni Bouley, ni Paul Bert, ni Vulpian qui, après avoir été avec vous, mon cher Grancher, le

conseiller de la première heure, a été le défenseur le plus convaincu et le plus énergique de la méthode !...

« Cet enthousiasme que vous avez eu dès la première heure, gardez-le, mes chers collaborateurs, mais donnez-lui pour compagnon inséparable un sévère contrôle. N'avancez rien qui ne puisse être prouvé d'une façon simple et décisive.

« Ayez le culte de l'esprit critique. Réduit à lui seul, il n'est ni un éveilleur d'idées, ni un stimulant de grandes choses. Sans lui, tout est caduc. Il a toujours le dernier mot. Ce que je vous demande là, et ce que vous demanderez à votre tour aux disciples que vous formerez, est ce qu'il y a de plus difficile à l'inventeur.

« Croire que l'on a trouvé un fait scientifique important, avoir la fièvre de l'annoncer, et se contraindre des journées, des semaines, parfois des années à se combattre soi-même, à s'efforcer de ruiner ses propres expériences, et ne proclamer sa découverte que lorsqu'on a épuisé toutes les hypothèses contraires, oui, c'est une tâche ardue.

« Mais quand, après tant d'efforts, on est enfin arrivé à la certitude, on éprouve une des plus grandes joies que puisse ressentir l'âme humaine, et la pensée que l'on contribuera à l'honneur de son pays rend cette joie plus profonde encore. »

Et le discours de se conclure par une terrible prémonition.

« S'il m'était permis, Monsieur le Président, de terminer par une réflexion philosophique, provoquée en moi par votre présence dans cette salle de travail, je dirais que deux lois contraires semblent aujourd'hui en lutte : une loi de sang et de mort qui, en imaginant chaque jour de nouveaux moyens de combat, oblige les peuples à être toujours prêts pour le champ de bataille, et une loi de paix, de travail, de salut, qui ne songe qu'à délivrer l'homme des fléaux qui l'assiègent.

« L'une ne cherche que les conquêtes violentes, l'autre que le soulagement de l'humanité. Celle-ci met une vie humaine au-dessus de toutes les victoires ; celle-là sacrifierait des centaines de mille existences à l'ambition d'un seul. La loi dont nous sommes les instruments cherche même, à travers le carnage, à guérir les maux sanglants de cette loi de guerre. Les pansements inspirés par nos méthodes antiseptiques peuvent préserver des milliers de soldats. Laquelle de ces deux lois l'emportera sur l'autre ? Dieu seul le sait. Mais ce que nous pouvons assurer, c'est que la science française se sera efforcée, en obéissant à cette loi d'humanité, de reculer les frontières de la vie. »

L'épuisement

Avec sa famille, il s'est installé dans son Institut tout neuf. Au premier étage, l'appartement privé. Au rez-de-chaussée, les pièces de réception. Et, tout autour, des laboratoires spacieux, bien équipés, où, sans relâche, travaillent ses équipes, des disciples choisis et formés par lui, animés de la même fièvre de la connaissance au service de la vie.

Que de chemin parcouru depuis les soupentes de la rue d'Ulm ! Enfin la science est reconnue.

Il n'est pas si vieux : soixante-six ans. Mais tous ces combats l'ont épuisé. Et la mort continue de rôder. Elle vient de terrasser l'un de ses collaborateurs préférés, Louis Thuillier. Ce jeune homme de vingt-six ans avait osé venir la défier en Égypte, dans la bonne ville d'Alexandrie alors ravagée par le choléra.

Fin octobre 1887, elle revient à l'assaut : nouvel accident vasculaire cérébral, dix-neuf ans après le premier. Lentement, Pasteur recouvre la parole, ses mouvements. La mort n'a pas insisté. Elle a porté un coup de griffe, juste pour voir.

Désormais, on dirait qu'elle prend son temps.

Elle a peut-être mieux à faire ailleurs.

Ou peut-être se dit-elle, en voyant Pasteur si fatigué, si fragile, qu'il avance de lui-même vers sa fin. Il ne sert à rien d'accélérer la descente, l'issue viendra le moment venu.

Peut-être sourit-elle, la mort, assurée de sa victoire : voyez comme il vacille, ce bienfaiteur de l'humanité. Ah ! il a bien bataillé pour la vie, encore bravo, mais, tout grand savant qu'il est, ça ne l'empêchera pas de me rendre bientôt son dernier soupir.

Chaque matin, à petits pas, il se rend au service de la rage. Avant l'arrivée des mordus, il contrôle la préparation des moelles. Puis il assiste aux inoculations et réconforte les enfants toujours effrayés par les seringues.

> « Quand j'approche d'un enfant, il m'inspire deux sentiments : celui de la tendresse pour le présent, celui du respect pour ce qu'il peut devenir un jour. »

L'après-midi, il reçoit. Des visites ou des hommages : la France ne cesse de le célébrer.

Le 27 décembre 1892, son anniversaire lui est souhaité dans le grand amphithéâtre de la Sorbonne. Savants, politiques, étudiants, préparateurs, ils sont deux mille à être venus acclamer le vieil homme qui arrive au bras du président de la République. Le grand chirurgien Joseph Lister est venu apporter le salut de la Grande-Bretagne.

> « Vous avez levé le voile qui avait couvert pendant des siècles les maladies infectieuses. »

Les deux hommes, aussi fatigués et titubants l'un que l'autre, s'embrassent. On pleure. C'est encore Jean-Baptiste, le fils du grand homme, qui lit le discours de remerciements. Il commence à en avoir l'habitude :

« Jeunes gens, jeunes gens, confiez-vous à ces méthodes sûres, puissantes, dont nous ne connaissons que les premiers secrets... Ne vous laissez pas atteindre par le scepticisme dénigrant... vivez dans la paix sereine des laboratoires et des bibliothèques... »

Acclamations.
Vive la France, vive la science !

*
* *

L'accumulation des reconnaissances, le confort de la gloire ne parviennent pas à faire taire une petite ritournelle, toujours la même, toujours aussi désagréable : Et si je n'étais pas si grand que tout le monde le croit, et moi le premier ?

Cette question lancinante surgit de préférence aux heures de moindre résistance, durant les longues insomnies du milieu de la nuit. Mais elle peut choisir de s'inviter n'importe quand : une séance à l'Académie française, un séjour aux toilettes, lors d'un discours officiel où, justement, on chante ses louanges.

Et si je n'avais fait que reprendre ce que d'autres ont découvert ? Au lieu de l'immense savant que tous se plaisent à reconnaître en moi, ne serais-je pas plutôt, de la science, le plus habile et le plus impudent des coucous, cet oiseau qui vole le nid d'autrui ?

L'invention de la stéréochimie ? Par leurs études sur la cristallographie, Arago et Biot en avaient jeté les bases avant moi. L'origine vivante des fermentations ? Si je dois être tout à fait franc, j'ai été précédé par Cagniard de Latour. Quant à la vaccination, qu'ai-je apporté de plus que le petit Anglais Jenner ?

Hélas, on ne se débarrasse pas de ces sournoises rengaines comme on chasse une mouche.

Me faudra-t-il toujours et encore, jusqu'à ma fin, répondre à des attaques ?

Et toujours et encore rabâcher des principes pourtant simples ?

Certes, il existe des idées vraiment neuves, et peut-être qu'une ou deux sont venues de mon pauvre crâne ? Mais vous savez bien, comme moi, qu'il y a toujours un avant l'avant.

Qu'au royaume des idées, l'antériorité n'est qu'un brevet fragile, et bientôt inutile si aucune concrétisation ne vient lui donner corps.

Que, même si je suis trop souvent présenté comme LE découvreur, la continuité est la logique même de la vie.

Que, dans sa sagesse, le mot « invention » désigne aussi bien la trouvaille de ce qui existe (on *invente* un trésor) que la création dite « pure ».

D'ailleurs, de quel recoin douteux de l'âme, oui, d'où vient cette revendication de « pureté » ? Les autres savants sont-ils à ce point contagieux ?

Mais ma capacité à rassembler, à un moment donné, sur un point précis, tous les savoirs d'une époque, pour soudain avancer d'un pas nouveau vers la vérité, cette capacité-là, plutôt rare, n'appelle-t-elle pas le respect ?

Et la synthèse, l'énergie courageuse qu'elle requiert, ne peut-elle être saluée comme une victoire dans la guerre perpétuelle que nous avons à mener contre l'inexpliqué, ou même contre le confus ?

Bon, tout cela dit et redit, ne peut-on considérer que, tout compte fait, moi, Louis Pasteur, j'ai rendu quelques services à l'humanité ?

Allez, le jour va bientôt se lever. Vous ne pensez pas que j'ai le droit de me rendormir un peu ?

Et, pendant la gloire, les travaux continuent

La rage vaincue, il reste bien d'autres maladies à combattre.

La diphtérie est devenue le nouvel ennemi prioritaire. C'est la terreur des parents. Elle tue chaque année plusieurs dizaines de milliers d'enfants. La gorge envahie par de fausses membranes, ils suffoquent et meurent étouffés dans d'atroces convulsions.

Émile Roux, aidé par un tout jeune Suisse nouveau venu dans l'équipe – il s'appelle Alexandre Yersin –, montre que la bactérie responsable de la maladie produit un poison, une toxine, qui traverse les muqueuses pour attaquer les organes vitaux, comme le cœur et les poumons. Et la mort s'ensuit.

Dans la logique de la vaccination, il devrait être possible d'accoutumer l'organisme à réagir contre cette toxine.

À Berlin, dans le laboratoire de Koch, un Allemand, Behring, et un Japonais, Kitasato, réussissent à prouver qu'en injectant à des animaux de petites doses de cette toxine on provoque chez eux, dans leur sang, l'apparition d'une substance capable de neutraliser l'action du poison. C'est l'antitoxine.

Comment développer ces antitoxines ?

Stimulé par cette compétition avec l'Allemagne, Roux décide de voir plus grand. Pour produire plus d'antitoxines, il faut toujours plus de sérum, donc toujours plus de sang. Pourquoi ne pas utiliser le meilleur ami de l'homme ? Le protocole est simple : on inocule à un cheval des doses de plus en plus fortes de toxines diphtériques. Puis on le saigne à la jugulaire. On recueille le sang. Une partie solide se dépose au fond de l'éprouvette : ce sont les cellules sanguines agglutinées. Une partie liquide surnage : c'est le sérum qui contient les anticorps.

Ce sérum est injecté aux enfants malades.

La mortalité va diminuer de moitié. Bientôt elle ne dépassera plus les 10 %.

La même « sérothérapie » sera appliquée pour vaincre le choléra.

Sauf que, maintenant, on manque de chevaux !

Le Figaro lance une souscription. Des poulains sont achetés, des écuries construites sur le domaine de Villeneuve-l'Étang, cette ancienne propriété de la duchesse d'Angoulême attribuée à Pasteur lorsque ses voisins de la rue d'Ulm n'avaient plus supporté d'entendre aboyer les chiens de son laboratoire.

« Je ne peux plus »

Arbois. 4 octobre 1894.
Dernier jour du dernier été.

Le commandant Grand raconte :

« Quittant la maison le dernier, après sa famille, il tint à fermer lui-même la porte à clef de cette maison qui lui était si chère. La calèche était prête à partir, mais Louis Pasteur en retarda le départ. Il contemplait longuement cette chère maison paternelle, la mémoire probablement traversée par tant d'émouvants souvenirs de ses parents, enfants et amis qu'il avait aimés... C'était toute une vie qui allait disparaître à jamais. Son visage s'embua de larmes et il donna le signal du départ devant les siens émus, trop émus pour dire un mot. Mme Pasteur lui tint la main... et tous disparurent au tournant de la rue. [...] Sur la place de la gare, dernier saluts et applaudissement des amis. [...] Et puis, et puis... le train. Le train inexorable de la vie l'enlevait du pays bien-aimé, ce cher Arbois qu'il ne devait plus revoir. »

À Paris, Pasteur retrouve son Institut en pleine effervescence. Yersin, qu'il avait envoyé à Hong Kong, vient d'annoncer sa découverte du bacille de la peste : « Cette maladie est contagieuse et inoculable. Il est probable que les rats en constituent le principal véhicule. »

Élie Metchnikoff, futur Prix Nobel (1908) poursuit ses recherches sur le rôle des globules blancs : ce sont les soldats du sang. Ils assiègent puis dévorent les microbes qui tentent une agression. Dès 1888, il était arrivé de sa Russie natale pour collaborer avec Pasteur.

Allons, tout est bien. Son équipe travaille comme il faut. Mais lui n'en peut plus. Son corps cède.

Le 1er novembre, il perd connaissance. On diagnostique une crise d'urémie. Aujourd'hui, on dirait une insuffisance rénale sévère. L'amitié fait la chaîne. On se relaie à son chevet. Marie ne dort plus.

Le 1er janvier, Alexandre Dumas se présente avec un bouquet de fleurs : « J'ai voulu bien commencer l'année. »

Pendant la maladie du maître, les bonnes nouvelles se succèdent.

Sous l'impulsion de Calmette, un nouvel institut ouvre à Lille. Un autre se prépare à Tunis. Au Brésil, en Australie, en Turquie, des pasteuriens ont été envoyés et bataillent contre les maladies les plus diverses, humaines ou animales.

« Ah, que de choses encore à faire ! » ne cesse de répéter Pasteur.

L'été venant, on lui conseille la campagne et son bon air. Il choisit Villeneuve-l'Étang, dans le parc de Saint-Cloud, siège de son nouveau laboratoire.

C'est là qu'on l'installe, au milieu de la centaine de chevaux rassemblés pour produire du sérum antidiphtérique. Si le temps est beau, il demande à sortir dans le parc, il aime regarder les arbres.

Les autres jours, il ne quitte pas sa chambre. Régulièrement, le docteur Roux vient lui rendre visite pour lui donner les dernières nouvelles de l'Institut. Pasteur hoche la tête. La paralysie s'est aggravée. Chaque mot est un combat. Bientôt, il ne sort plus de son lit.

Août va vers sa fin. Les orages de l'été s'éloignent.

Marie et Marie-Louise, la mère et la fille, se relaient à son chevet pour lui lire des biographies. Il ne lâche pas leur main. Avant, il s'intéressait aux généraux, aux épopées de la gloire, aux leçons des grands hommes. Désormais, il réclame des parcours plus discrets, aux vertus moins apparentes et d'abord tournées vers autrui. On dit qu'il a fini sa vie dans la lumière de saint Vincent de Paul.

Le 27 septembre, il ferme les yeux : « Je ne peux plus. » Il meurt le lendemain.

Quel tombeau ?

Selon Littré, « le tombeau est un monument élevé à la mémoire d'un mort au lieu même où il est enterré ».

Certains tombeaux n'appartiennent pas à cette lourde et sédentaire espèce. Ils ne sont pas faits de granit et de marbre, mais de mots, de poèmes, de notes de musique. Ces tombeaux-là sont des hommages. Ainsi, Charles Baudelaire a écrit *Le Tombeau d'Edgar Poe* et Maurice Ravel composé *Le Tombeau de Couperin.*

Cette sorte de tombeaux, on peut les bâtir de son vivant. À sa propre gloire.

On n'est jamais si bien statufié que par soi-même.

Louis Pasteur écrit ainsi à son photographe Pierre Petit :

> « Monsieur,
> J'étais satisfait de mon grand portrait, mais, ce matin, je l'ai montré à quelques personnes pendant que nous visitions et <u>admirions</u> ceux de Monsieur Nadard, et l'on m'a fait diverses critiques que j'ai l'air de trop poser, que j'ai le nez trop fort parce que la figure est trop de face, etc.,

de sorte que, <u>dans le cas seulement où cela ne dérangerait rien</u>, je vous prierais, Monsieur, de me donner rendez-vous dimanche, par exemple, à une heure quelconque.
Agréez, Monsieur... »

Ce souci de Pasteur correspondait à celui du siècle finissant.

Fier de ses conquêtes industrielles et scientifiques, le XIXe vacillait sur ses bases. L'emprise de la religion diminuait, les nationalismes contestaient les vieilles frontières, les toutes nouvelles républiques n'avaient pas encore complètement triomphé des anciens régimes.

À ces temps incertains, à cette mythologie balbutiante, il fallait des héros.

Où trouver meilleur client, plus légitime que Pasteur ? Et plus gourmand de reconnaissance, plus fier de ses décorations, plus jaloux de sa prééminence dans les congrès, plus enfantinement émerveillé par la vigueur et la durée des acclamations et ovations qui le saluaient ?

*
* *

De même que Pasteur, François Mitterrand ne supportait pas d'être toujours nargué par le grand mystère. Sentant sa fin prochaine, il recevait toutes sortes de gens qu'il questionnait sans relâche sur l'au-delà : des religieux, des philosophes, des médecins, des charlatans, des cartomanciennes. Et son dernier vrai voyage fut pour sa chère Égypte dont la civilisation raconte d'abord la mort.

Pendant ce temps-là se multipliaient les livres qui l'avaient pris, lui, François Mitterrand, pour sujet. En surface il s'en agaçait et s'en moquait : « Ce sont mes bonnes œuvres. Je suis un bon personnage. Je rapporte beaucoup aux auteurs... » Je devine qu'en profondeur rien ne pouvait plus le satisfaire que cette fascination générale pour sa personne : favorables ou non, informés ou jean-foutres, tous ces écrivaillons bâtissent mon tombeau.

Et, dans son emploi du temps plutôt serré de chef d'État, il trouvait toujours des espaces libres pour poser devant le sculpteur qu'il s'était choisi, l'honorable M. Druet.

*
* *

De son vivant, Pasteur avait pris grand soin de bâtir sa légende.

Partout, en France et dans le monde, en Russie, au Brésil, aux États-Unis, des statues à sa gloire ornaient les places. Et chacun sait que les statues ont leurs destinées propres. S'il leur arrive de mourir, par accident ou par indifférence, leur durée, comme celle des arbres, dépasse de beaucoup celle des humains.

Maintenant que Pasteur était mort, que faire de son corps ? Où l'installer pour qu'il continue son travail ? Car les dépouilles des personnes célèbres ont, elles aussi, leur programme. Ne croyez pas qu'elles vont se reposer. Il leur faut accueillir les pèlerins, consoler les attristés, ranimer l'émotion pour relancer les subventions, et, chez les jeunes, susciter les vocations...

Alors, quelle dernière demeure choisir ?

Le premier séjour dans un caveau de Notre-Dame de Paris ne fut que provisoire.

Ne perdons pas de temps. Tout de suite, évacuons le Panthéon. Mausolée beaucoup trop laïque pour Pasteur. Et pas question de passer sa vie éternelle aux côtés de l'insupportable Hugo !

Pasteur allait-il reprendre une ultime fois le train pour Arbois ?

À maintes reprises, il avait exprimé son désir d'être enterré dans ce Jura où il avait passé en famille tant d'étés heureux et laborieux. Au mieux, qu'est-ce que la mort ? Une longue villégiature.

Le cimetière d'Arbois n'est qu'un champ planté non de vignes, mais de croix. L'ombre y est apportée par des noyers, ces arbres qui prennent tout leur temps pour pousser. Au-dessus paissent des moutons. En dessous coule la Cuisance. On ne voit de la ville que le clocher de l'église Saint-Juste (soixante mètres). Il paraît que jadis il s'élevait plus haut encore (soixante-quinze mètres). Ainsi le village pouvait voir de plus loin avancer ses ennemis. Un carillon sonne les heures. Ils doivent bien se moquer de ces rappels au temps celles et ceux qui se retrouvent ici allongés pour l'éternité.

Cinq sépultures portent le nom de Pasteur.

La première doit se sentir bien isolée au milieu des autres familles. *Ici repose Jeanne-Étiennette Pasteur, décédée le 21 mai 1848.* C'est la mère. Et Joséphine, la sœur tant aimée, pourquoi l'avoir enterrée encore plus à l'écart ? Les trois autres tombes se sont blotties pour avoir moins froid. Elles sont surmontées de stèles toutes blanches, toutes simples.

La capitale de la douleur est là, trois tombes en triangle :

*Ici reposent
Cécile Pasteur décédée à
l'âge de 12 ans,
et Camille Pasteur décédée
à Paris à l'âge de 2 ans.*

*Ici repose
Jeanne Pasteur,
décédée à l'âge
de neuf ans et demi.*

*Ici repose
Jean-Joseph Pasteur,
chevalier de la Légion d'honneur
médaille de Ste-Hélène*

Les stèles étaient surmontées de croix. Des vandales, ou bien le temps, les ont détruites.

Marie-Louise aussi est enterrée plus loin, aux côtés de son mari, dans le caveau Vallery-Radot. C'est la seule de ses filles qu'il n'a pas vu mourir.

Ici repose, ici repose...

Pour lui refuser ce dernier séjour, monsieur Gendre et sa fille avaient peut-être considéré que ce lieu paisible ne conviendrait jamais à un tel travailleur. D'où l'idée de l'installer pour toujours parmi les chercheurs.

Quoi qu'il en soit, face au projet d'une famille, de quel poids pèsent les dernières volontés d'un homme ?

Monsieur Gendre, sa femme et son beau-frère ont décidé. Ce sera à l'Institut Pasteur, et dans une crypte néobyzantine, un panthéon pour soi tout seul, des dorures, des mosaïques, des scènes naïves ; on y voit des anges, des chiens et des lapins.

Et, en guise de tombeau, une grosse boîte de marbre, sans doute pour rivaliser avec Napoléon qui gît aux Invalides. À sa mort, Marie viendra l'y rejoindre.

Au pied de l'autel, la dalle qui la recouvre est nue.

Ils se seront détestés

Victor Hugo et Louis Pasteur.
Le grand écrivain et le grand savant.
Les deux phares qui, au-delà de la France, éclairent encore le monde.
Deux bienfaiteurs de l'humanité.
L'un, explorateur des vertiges de l'âme, a rendu leur dignité aux misérables et, pour cela, demeure célébré de l'Amérique latine à la Chine.
L'autre, découvreur des sources de la vie, a triomphé de la rage.
Tous les deux nés dans cette province appelée Franche-Comté pour les libertés qu'elle savait défendre. Hugo à Besançon (1802), Pasteur à Dole (1822). Deux villes séparées par moins de soixante kilomètres.
Tous les deux élevés dans la légende de Napoléon Ier.
Le père de Hugo fut l'un de ses généraux. Le père de Pasteur, l'un de ses soldats.
Ils se séparent à jamais quand un autre empereur, neveu du précédent, se saisit du pouvoir.
Hugo, qui ne supporte pas Napoléon le Petit, prend le chemin de l'exil, à Guernesey.

Pasteur, qui aime l'ordre, savoure d'être invité à Compiègne, haut lieu des festivités de la cour impériale.

Pour être franc, ils auraient pu s'y croiser. Hugo rêvait d'un maroquin. Il se voyait fort bien ministre de l'Instruction publique. Napoléon III eût-il accédé à sa requête, Victor aurait lui aussi sans doute fréquenté Compiègne... et n'aurait jamais écrit *Les Misérables*. Politique ou amoureux, le dépit des écrivains sert toujours leur œuvre.

En Hugo Pasteur haïssait la grande gueule et la belle âme, le défenseur du plus faible, par principe et sans examen, au risque de malmener la société.

En Pasteur Hugo ne supportait pas le conservateur, le défenseur du pouvoir, quel qu'il fût, le bourgeois de province ébloui d'avoir si bien réussi.

Il y a de l'irréconciliable dans ces détestations mutuelles. Et pourtant, ces deux-là partageaient ce qui peut-être est l'essentiel. L'âge venu, la même joie d'être grand-père. Et la même croyance en un Dieu à jamais mystérieux : un Être supérieur existe, sans doute, mais qui sommes-nous pour un jour en savoir plus ?

Au fond, leur passion était de même nature : violente. Mais elle n'avait pas le même objet. L'un chérissait la liberté, l'autre la science. Quand, l'un après l'autre, la mort finit par les rattraper, le même hommage leur fut rendu par des obsèques mêmement nationales.

La foule, aussi grande et recueillie pour l'un que pour l'autre, leur témoigna le même respect, la même gratitude.

Ensemble, ils résument leur siècle.

Pendant la mort, les travaux continuent (Vive la vie !)

Jamais caractère réputé « difficile » ne fut si bien ni si durablement entouré.
Jamais équipe ne fut plus solidement constituée.
Année après année, les meilleurs avaient frappé à la porte de Pasteur. Une fois admis, ils demeurèrent. Pour contribuer à l'œuvre du maître. Ensuite pour la continuer.
Jamais équipe ne fut plus durable, renouvelée jusqu'à aujourd'hui, génération après génération.
Émile Duclaux, arrivé rue d'Ulm en 1862, prend les rênes de l'Institut à la mort de Pasteur.
Émile Roux lui succède, présent depuis 1878, secondé par Metchnikoff.
Derrière ces vedettes de la science, les collaborateurs plus modestes n'ont qu'une idée, une fois croisé Pasteur, entrer puis rester à son service.
À commencer par les deux « mordus », ses premiers succès contre la rage. Embauchés comme concierges, Meister et Jupille ne quitteront pas l'Institut. Le 24 juin 1940, Joseph Meister aurait préféré se suicider plutôt que de voir les Allemands y pénétrer.

Pasteur était leur père ; son laboratoire, leur maison ; la recherche, leur raison de vivre.

Un jour de 1916, après avoir à nouveau craché du sang, Émile Roux décida de ne pas rentrer chez lui. Sa vie un peu trop compliquée commençait peut-être à lui peser. Il s'installa au-dessus de l'hôpital, dans une minuscule chambre d'interne. Jusqu'à la fin ce fut là son seul domicile.

Quand, en octobre 1933, il apprit la mort de Calmette, son ami, son frère, la stupeur le figea. Cinq jours après, il était mort.

*
* *

Bien sûr il y eut des orages, des susceptibilités froissées, des sentiments d'injustice, des colères plus ou moins camouflées. Quand il se vit dérober par Pasteur la méthode qu'il avait trouvée pour atténuer la virulence des agents porteurs de la rage, on dit que Roux bouda quelques semaines.

Bien sûr surgirent entre ces hommes des jalousies sourdes dont la soif de reconnaissance n'était pas le seul motif. On dit que Roux, toujours lui, véritable séducteur sous son allure austère, ne se contentait pas, malgré sa santé chancelante, d'entretenir une liaison passionnée avec Mme Marie Delaître, épouse d'un professeur un peu terne. Il se fit aussi aimer de la belle Olga, femme de... Metchnikoff qui avait eu l'imprudence de le recueillir chez lui.

Il faut croire que la grandeur de la cause – connaître et défendre la vie –, l'ampleur de l'ambition commune l'emportaient sur toutes les mauvaises humeurs.

Duong Pasteur

La maladie n'ayant pas de frontière et la vérité ne se découvrant pas seulement dans les laboratoires, Pasteur ne s'est jamais contenté de Paris.

C'est dans l'Europe entière qu'il alla chercher l'acide racémique.

C'est Alès qu'il choisit comme quartier général pour mener sa guerre contre la pébrine et la flacherie du ver à soie.

Avant même la création de l'Institut, il envoie ses chercheurs au loin. En Égypte, pour traquer le bacille du choléra. En Australie, pour lutter contre l'invasion des lapins...

En 1887, deux ans à peine après les premières vaccinations antirabiques, pas moins de quatorze centres appliquaient ce traitement aux quatre coins du monde, d'Odessa au Brésil, du Mexique à New York.

Qui se souvient de M. Étienne, sous-secrétaire d'État aux colonies vers la fin du XIXe siècle ?

Et pourtant, gloire à lui !

C'est cet infra-ministre qui a suggéré à Pasteur d'aller préparer des vaccins en Indochine.

Albert Calmette (vingt-sept ans) venait d'arriver dans l'équipe après un long séjour à Saint-Pierre-et-Miquelon où il avait pris soin des morues.

« Vous êtes marin, donc toujours prêt à partir. Ça vous dirait, l'Asie ? »

Le temps de sauter dans un paquebot, Calmette débarque à Saigon le 1er janvier 1891. Sans tarder, il s'attaque aux deux fléaux locaux : la variole et les morsures de serpent.

Le premier Institut Pasteur à l'étranger est créé.

Trente autres vont suivre, Tunis, Constantinople, Dakar, Tananarive, Alger, Tanger, Chengdu, Cayenne, Addis-Abeba, Phnom Penh, Nouméa, Bangui, Vientiane, etc. Depuis, certains ont fermé, d'autres ont ouvert. Ils emploient aujourd'hui cinq mille chercheurs.

Hô Chi Minh-Ville, 19 mars 2015, cent vingt-quatre ans plus tard.

La frénésie du développement s'est emparée de Saigon la sensuelle. Les rivières de vélos ont engendré des fleuves de Mobylette qui à leur tour commencent à donner naissance à des embouteillages de voitures. Une à une (puisque le communisme n'a jamais empêché la spéculation immobilière), les vieilles maisons sont abattues pour que montent des tours à l'assaut du ciel.

Au cœur de cette agitation, l'Institut Pasteur demeure. Un oasis de paix. Un carré de bâtiments coloniaux enserrant un jardin. L'ensemble si bien entretenu, si bien repeint tout blanc (pour les façades), si bien tondu et arrosé tout vert (pour la pelouse) qu'on le dirait né d'hier.

Trois cent soixante-dix personnes y travaillent dans seize départements, s'efforçant d'unir au mieux la recherche et la prévention (vaccination).

Comme l'avait voulu Pasteur, la règle impose à tous de sortir de la ville et d'aller sans cesse sur le terrain.

On me parle avec émotion de la dernière visite de Françoise Barré-Sinoussi, amie fidèle de l'Institut.

On me raconte la joie des Vietnamiens quand, en 2008, celle-ci reçut, avec Luc Montagnier, le prix Nobel de médecine pour leurs découvertes sur le VIH.

Décidément, les travaux continuent durant la mort de Pasteur, car ces chercheurs sont, eux aussi, des pasteuriens.

Pour l'Institut Pasteur de Hô Chi Minh-Ville, la lutte contre le sida demeure une priorité. Mais d'autres guerres y sont menées : contre la dengue, les hépatites, les diverses formes de grippe, et cette éruption soudaine de boutons qui touchent les enfants, dite maladie PMB (pieds-mains-bouche).

*
* *

Comme beaucoup de Suisses, Alexandre Yersin aimait la navigation. Alors qu'auprès d'Émile Roux il commençait une carrière brillante de microbiologiste, il décide un beau jour de voir du pays et s'engage comme médecin à la Compagnie des Messageries maritimes. Quarante années durant, il va alterner la recherche, l'administration et l'exploration.

Outre ses victoires sur la diphtérie et la découverte du bacille de la peste, on lui doit, entre autres bienfaits, le traitement de la peste bovine, l'acclimatation au Viêt Nam de l'hévéa et de l'arbre à quinine, le repérage du site de Dalat, devenu grâce à lui, un lieu de villégiature apprécié...

À ses moments perdus, il réparait sa Serpollet 6 CV, la première voiture ayant jamais roulé en Cochinchine, il organisait des séances de cinéma, il préparait ses appareils photo, il apprenait à piloter, il construisait des postes radio, il dessinait une carte du ciel, il traduisait Virgile ou lisait un roman policier, choisi de préférence dans la collection Le Masque.

Avez-vous jamais entendu le récit d'une vie plus pleine, plus diverse et plus généreuse ? Jetez-vous sur le beau livre de Patrick Deville : *Peste & Choléra*.

Certains grincheux chipoteront : « Aucune femme connue, aucun enfant déclaré. Ce génie, incontestable, a manqué l'"essentiel" ! »

Je leur laisse, sans commentaire, la liberté de leurs priorités.

À force de longer la côte, Yersin était tombé en amour pour une baie, entre Saigon et Hué. C'est là qu'il avait décidé de s'installer. Ses seuls voisins étaient des pêcheurs. Le village s'appelait Xom Con. Une ville, hideuse, l'a dévoré : Nha Trang. Une ligne de hauts buildings dépareillés défigure le paysage. Ils accueillent une majorité de Russes, souvent sibériens. Le jour, ils rougissent au soleil. La nuit, ils consomment de la chair fraîche. En bref, ce complexe touristique connaît un beau succès. Imperturbable, l'Institut Pasteur, créé sur place par Yersin, dès 1895, poursuit sa double mission de recherches et de soins. Cent soixante-trois personnes y sont employées. Le Japon, la Norvège, l'Australie, les États-Unis cofinancent les programmes d'études. L'obligation est plus sévère qu'à Hô Chi Minh-Ville : les employés doivent donner au « terrain », c'est-à-dire à des localités souvent lointaines, les trois quarts de leur temps.

Comme souvent, il faut s'éloigner des rivages envahis pour retrouver la paix et de la beauté.

Pour les besoins de ses travaux et pour produire du sérum, Yersin avait créé une ferme en pleine campagne, sur le territoire du village de Suoi Dau. C'est l'endroit qu'il avait élu pour dernière demeure.

Pour s'incliner devant sa tombe, il faut gravir une petite colline « Lieu sacré – disent les pancartes –, gardez le silence s'il vous plaît ». Des manguiers et des hévéas lui donnent leur ombre. Des bancs de béton gris permettent de se reposer. Ils portent le nom des entreprises qui ont financé les travaux. Merci, par exemple, au Yasaka Saigon Nhatrang Premier Beach Resort Hotel & Spa. Un petit temple se dresse sur la gauche, murs jaunes et toit rouge. Devant la photo de Yersin brûlent des bâtons d'encens.

Car cet homme est considéré par les Vietnamiens comme un génie tutélaire.

Il a rejoint le peuple de leurs divinités.

*
* *

Lorsque, le 30 avril 1975, les Viêt-minh et leurs alliés Viêt-cong prirent (« libérèrent ») Saigon, ils n'eurent rien à faire de plus pressé que d'arracher tous les signes de la présence coloniale.

Bientôt, les plaques bleues portant le nom des rues jonchèrent le sol. Elles célébraient des personnalités honnies par les nouveaux maîtres. Un vaste programme d'appellation fut lancé. Ainsi la rue Catinat devint Dông Khoi, autrement dit la « rue de l'insurrection générale », et le boulevard Bonard fut rebaptisé Lê Loi.

Seuls échappèrent à cet autodafé quatre noms.

Le premier est celui d'Alexandre de Rhodes. Né en 1591, à Ispahan, ce brave homme pouvait sans peine être exonéré de tout soupçon de colonialisme. Mais son mérite est ailleurs. Ce prêtre jésuite, missionnaire en Cochinchine, avait défini la première transcription phonétique et romanisée de la langue vietnamienne. Ce faisant, il libérait le Viêt Nam de la domination chinoise. Les nationalistes Viêt-minh ne pouvaient que lui en savoir gré.

Les deux autres noms épargnés sont mieux connus de nous : Calmette, Yersin.

L'aventure saïgonnaise du nom Pasteur est plus chaotique.

Au commencement, c'est-à-dire en 1863, était la rue numéro 24. On la baptise Pellerin en 1865. En 1952, on décide de l'appeler rue du Maréchal-Leclerc. Elle ne devient Pasteur qu'au départ des Français, en 1955.

Les Viêt-minh, en 1975, lui préfèrent Nguyên Thi Minh Khai. Elle ne redevient Pasteur qu'en 1991. C'est ainsi que, dans la ville d'Hô Chi Minh, Pasteur retrouve ses collaborateurs Yersin et Calmette.

Duong Pasteur, rue Pasteur. Elle sépare la mairie (façade ouest) du musée de la Révolution (ex-palais La Grandière).

Remerciements

Treize années durant, chaque jeudi après-midi, la chance m'a été donnée d'avoir pour voisin de droite François Jacob. Notre salle de travail, à l'Académie française, a tout d'une classe. On s'y retrouve entre vieux potaches pour fabriquer le dictionnaire. Chemin faisant, entre les mots, on bavarde.

Hélène Carrère d'Encausse, notre mère supérieure, nous fait les gros yeux. Mais François Jacob jouissait d'une sorte d'immunité. On ne réprimande pas un Prix Nobel.

Nous aurons donc beaucoup parlé.

Plutôt, je l'ai écouté, passionnément.

Par bribes, et chuchotements, il m'a raconté 1940, le Tchad, Leclerc, la campagne de libération…

Mon abyssale ignorance en biologie le fascinait.

« Toi qui te dis volontiers curieux professionnel ! »

C'est lui qui m'a donné l'idée de ce livre.

« Puisque, par on ne sait quel désolant hasard, tu occupes le fauteuil de Pasteur, plonge-toi dans son existence, tu seras bien obligé d'apprendre un peu ! »

Il avait raison. Je commence à savoir quelques petites choses sur ce qui nous fait. Et nous défait.

Merci à François Jacob.

Vous pouvez imaginer comme cet immense voisin me manque.

*

Merci à Alice Dautry.

Cette grande dame, enseignante et chercheuse en biologie cellulaire, a, de 2005 à 2013, dirigé l'Institut Pasteur. Elle m'en a ouvert les portes avec cette disponibilité qui est la marque la plus vraie de la générosité... Je me souviens en particulier d'une visite avec elle du dernier bâtiment construit dans l'enceinte de la rue du Docteur-Roux. Inauguré en 2012, il porte le nom de François Jacob et se consacre à la lutte contre les maladies émergentes. Aux côtés d'Alice Dautry, je me sentais porté vers l'avant-garde de la recherche.

*

Merci à Maxime Schwartz. Ce polytechnicien a choisi la biologie moléculaire. Après des années de recherche, notamment dans l'équipe de Jacques Monod, il a dirigé l'Institut Pasteur (1988-1999). Nous, les ignorants, lui devons des livres impressionnants de clarté (voir la bibliographie). Et moi, je le remercie pour l'immense cadeau qu'il m'a fait en relisant – avec quelle acuité, quelle bienveillance ! – mon petit texte.

*

Merci au docteur Isabelle de Saint-Aubin. Pour je ne sais quelle raison connue d'elle seule, ce médecin angiologue, passionné(e) de science, a bien voulu prendre de son temps pour expliquer à l'ignorant crasse que j'étais les mécanismes les plus basiques de la biochimie et de la physiologie.

Merci à sa patience, merci à sa clarté.

*

Merci à mes parents d'avoir choisi de me faire habiter, les quinze premières années de ma vie, au 185, rue de Vaugirard, c'est-à-dire au coin du boulevard Pasteur.

Merci à mon père, pilote de rallye quasi professionnel. Souvent, le lundi matin, au retour d'une compétition, il nous emmenait en classe, mon frère Thierry et moi, dans sa voiture maculée de boue. Une DB, une Frégate, une Simca « trafiquée ».

Et, pour nous amuser, il tournait et retournait à vive allure autour de l'immense statue de Pasteur qui trône, entourée de vaches, au beau milieu de l'avenue de Breteuil. C'est ainsi, par des dérapages, que j'ai commencé ma relation avec le grand homme.

*

Merci à mon médecin dit « traitant », le cher Bruno Genevray. Depuis qu'il me soigne, il m'a plus prescrit de livres que de médicaments. Je me souviens d'un de ces ouvrages dont le sous-titre ne cesse de m'enchanter :
Grands Médecins
Presque tous
par le professeur Henri Mondor (Éditions Corrêa, 1943). En une vingtaine de pages pour chacune, il explique l'apport des grandes célébrités de la Faculté : Bichat, Laennec, Trousseau, Bretonneau... Claude Bernard et Pasteur.

Je me rappelle aussi les histoires qu'il m'a racontées entre deux électrocardiogrammes. Son grand oncle, Jacques Genevray, avait dirigé l'Institut Pasteur de Hanoï. Sa thèse de médecine s'intitule « La faune des tranchées ». Il y explique comment les soldats tentaient de se défendre contre les rats en leur inoculant une bactérie.

Pasteur est donc pour la famille Genevray un ancêtre tutélaire.

*

Beaucoup de ce que je sais de Pasteur et tout ce que je connais d'Arbois et de la rivière Cuisance je le dois à Philippe Bruniaux, adjoint à la culture de cette bonne ville. Et aussi médecin.

Outre le savoir et la générosité, le docteur a deux caractéristiques : il porte des chemises, de couleurs vives et à motifs étranges, qui détonneraient moins sur un paquebot de *La croisière s'amuse* que dans une rue de Franche-Comté.

Et il marche vite. On s'épuise à le suivre sur les traces du grand homme. Peut-être veut-il vous faire subir, mine de rien, un test d'effort ?

Le docteur Bruniaux, comme à Dole le grand pharmacien Alain Marchal (qu'il soit lui aussi longuement et chaleureusement remercié), appartiennent à la confrérie magnifique des Amis de Pasteur. Jour après jour, lieu après lieu, de la naissance à la mort, ils n'ignorent rien de leur héros.

Depuis longtemps, parfois l'adolescence, ils ont appuyé leurs vies sur la sienne. Personne ne comprend mieux qu'eux votre besoin soudain d'écrire une biographie. Ils ont deviné votre désarroi. Rien ne fait plus de bien à l'âme qu'une enquête sur le quotidien de la grandeur. Les vies de toutes tailles s'abreuvent les unes aux autres, telle la Cuisance aux sources souterraines.

Merci à Roger Gibey, maître de conférences honoraire de biochimie et biologie moléculaire à l'université de Franche-Comté.

Merci à Lucien Aviet, dit Bacchus, et à son fils Vincent Aviet, viticulteur à Montigny-les-Arsures.

Merci à Joël Calmettes, toujours incomparable lecteur.

*

Merci au consul général de France à Hô Chi Minh-Ville, Emmanuel Ly-Batallan, et merci à sa femme Hélène, personnes de grand savoir et d'immédiate générosité.

*

Que dire de Claude Durand ? C'était l'éditeur par excellence. Je veux dire : le confiant mais vigilant, le savant mais généreux, l'impatient mais respectueux du temps, le jaloux mais compréhensif (parfois avec difficulté), la mine de nouveaux projets (« mais, s'il te plaît, finis d'abord celui-là »), le conseiller sans illusions (« si tu voyageais un peu moins »), l'au-service de votre livre (puisqu'il écrivait les siens).
Bref, un *irremplaçable*.

*

Un « tapuscrit » n'est rien qu'un petit paquet de feuilles disparates et désordonnées.
C'est alors, pour faire un livre de ces brouillons, qu'intervient Hélène Guillaume.
Reine des couvertures, Mondrian de la mise en page, aigle bienveillant à qui (presque) aucune coquille n'échappe, ébéniste méticuleuse ou poétesse de haiku dès qu'il s'agit de rédiger une « quatrième ».
Merci.

Bibliographie

Sur Louis Pasteur, on a sans doute presque autant écrit que sur les guerres mondiales.

C'est dire ! Et plutôt bon signe pour la nature de la curiosité humaine.

Chaque nouveau livre se nourrit forcément de la masse des précédents et tente de naviguer entre les deux écueils principaux, le Charybde de l'ignorance et le Scylla de la répétition.

Comme on imagine, j'ai beaucoup lu, avant d'oser me lancer à mon tour dans l'aventure.

Au risque de me fâcher avec une foule de dédaignés, voici les livres dont je me suis le plus nourri. On peut y voir un parcours, un voyage, étape par étape, dans l'univers du grand homme.

D'abord, comme introduction générale et allante, le beau *Pasteur* de Janine Trotereau (Folio biographies, Gallimard, 2008). Le décor est planté, la dynamique expliquée.

Ensuite, pour se gorger de détails et d'admiration, l'énorme hommage rendu par le gendre à son génie de beau-père, *La Vie de Pasteur*, René Vallery-Radot (Flammarion, 1953, 733 grandes pages).

Puis, un roman policier, *Pasteur et Koch*, un duel de géants dans le monde des microbes, par Annick Perrot et Maxime Schwartz (Odile Jacob, 2014) et, par les mêmes, chez le même éditeur, un portrait de famille, *Pasteur et ses lieutenants – Roux, Yersin et les autres.*

Deux formidables récits, mariant avec un rare bonheur savoir et clarté, profondeur et vivacité, portrait d'un homme et tableau d'une époque. Ces auteurs, la générosité même, ont quelque légitimité : l'une fut conservatrice du musée Pasteur, l'autre directeur... de l'Institut Pasteur.

Ne vous privez surtout pas de la lecture de *Louis Pasteur*, écrit par Patrice Debré (Flammarion, 1994). Non seulement vous vous passionnerez pour une biographie rigoureuse, attentive d'abord aux processus de la découverte, mais vous comprendrez mieux l'influence de Pasteur sur la médecine moderne, et notamment sur l'immunologie... qu'enseigne Patrice Debré.

Enfin, pour la dimension internationale et la mesure du rayonnement actuel de l'œuvre, le livre de Jean-Pierre Dedet, *Les Instituts Pasteur d'outre-mer, cent vingt ans de microbiologie française dans le monde* (par un groupement d'éditeurs, 2011).

Bien d'autres livres m'ont appris. Et surtout à m'extirper, non sans mal, de la « légende pasteurienne » et de l'hagiographie.
- LOUISE L. LAMBRICHS, *La Vérité médicale : Claude Bernard, Louis Pasteur, Sigmund Freud : légendes et réalités de notre médecine* (Robert Laffont, 1993, rééd. 2001).
- LOUISE L. LAMBRICHS, *Histoire de la pensée médicale contemporaine* (Éditions du Seuil, 2014).
- FRANÇOIS DAGOGNET, *Pasteur sans la légende* (Les Empêcheurs de penser en rond, 1994)

Quant aux ouvrages plus « locaux », j'en signale trois :
- JIMMY DRULHON, *Louis Pasteur – Cinq années dans les Cévennes au pays de l'arbre d'or* (Hermann, 2009).
- *Histoire d'Arbois par le Cdt Georges Grand* (Office d'édition du livre d'histoire, 1996).
- *Autour de Louis Pasteur*, Cahiers Dolois, 1995.

Table

Un climat de grandeur	9
Les leçons des tanneurs	13
Arbois	17
L'artiste	23
Éloge de l'acharnement	27
Soyez bénis, mes chers parents	31
Un bon mariage	33
Le mystère des jumeaux	37
Brève histoire du microscope	43
Voyages aux sources de la vie (I)	47
Un immense ami	55
Intermède : la vie militaire	59
Sur l'absence de rire	63
Voyages aux sources de la vie (II)	65
Maigret et le ver à soie	73
La mort, à coups redoublés	81
Le sauvetage du ver à soie (suite)	85
La mort réattaque	93
Patriote	97
Contagions	101
Et, chaque été, Arbois	107
Sur une froideur supposée	109
Quatre-vingt-dix pour cent des maladies	111

Vacciner	113
Gloire et remontrance	121
Un ami des bêtes ?	127
Vaincre la rage	131
Une guerre civile dans le Jura	147
Soigner, chercher, enseigner	153
L'épuisement	157
Et, pendant la gloire, les travaux continuent	163
« Je ne peux plus »	165
Quel tombeau ?	169
Ils se seront détestés	175
Pendant la mort, les travaux continuent (Vive la vie !)	177
Duong Pasteur	179
Remerciements	185
Bibliographie	191

DU MÊME AUTEUR

Loyola's Blues,
roman, Éditions du Seuil, 1974 ; coll. « Points ».

La Vie comme à Lausanne,
*roman, Éditions du Seuil, 1977 ;
coll. « Points », prix Roger- Nimier.*

Une comédie française,
roman, Éditions du Seuil, 1980 ; coll. « Points ».

Villes d'eau,
*en collaboration avec Jean- Marc Terrasse,
Ramsay, 1981.*

L'Exposition coloniale,
*roman, Éditions du Seuil, 1988 ;
coll. « Points », prix Goncourt.*

Besoin d'Afrique,
*en collaboration avec Éric Fottorino
et Christophe Guillemin,
Fayard, 1992 ; Le Livre de Poche.*

Grand amour, mémoire d'un nègre,
roman, Éditions du Seuil, 1993 ; coll. « Points ».

Mésaventures du Paradis,
*mélodie cubaine, photographies de Bernard Matussière,
Éditions du Seuil, 1996.*

Histoire du monde en neuf guitares,
*accompagné par Thierry Arnoult, roman, Fayard, 1996 ;
Le Livre de Poche.*

Deux étés,
roman, Fayard, 1997 ; Le Livre de Poche.

Longtemps,
roman, Fayard, 1998 ; Le Livre de Poche.

Portrait d'un homme heureux, André Le Nôtre,
Fayard, 2000.

La grammaire est une chanson douce,
Stock, 2001 ; Le Livre de Poche.

Madame Bâ,
roman, Fayard/Stock, 2003 ; Le Livre de Poche.

Les Chevaliers du Subjonctif,
Stock, 2004 ; Le Livre de Poche.

Portrait du Gulf Stream,
Éditions du Seuil, 2005 ; coll. « Points ».

Dernières nouvelles des oiseaux,
Stock, 2005 ; Le Livre de Poche.

Voyage aux pays du coton,
Fayard, 2006 ; Le Livre de Poche.

Salut au Grand Sud,
en collaboration avec Isabelle Autissier,
Stock, 2006 ; Le Livre de Poche.

La Révolte des accents,
Stock, 2007 ; Le Livre de Poche.

A380,
Fayard, 2007.

La Chanson de Charles Quint,
Stock, 2008 ; Le Livre de Poche.

L'Avenir de l'eau,
Fayard, 2008 ; Le Livre de Poche.

Courrèges,
X. Barral, 2008.

Rochefort et la Corderie royale,
*photographies de Bernard Matussière,
Chasse- Marée, 2009.*

Et si on dansait ?,
Stock, 2009 ; Le Livre de Poche.

L'Entreprise des Indes,
roman, Stock, 2010 ; Le Livre de Poche.

Princesse Histamine,
Stock, 2010 ; Le Livre de Poche Jeunesse.

Sur la route du papier,
Stock, 2012 ; Le Livre de Poche.

La Fabrique des mots,
Stock, 2013.

Mali, ô Mali,
Stock, 2014.

Composition et mise en pages
Nord Compo à Villeneuve-d'Ascq

Impression réalisée par
CPI BRODARD ET TAUPIN
La Flèche

pour le compte des Éditions Fayard
en octobre 2015

PAPIER À BASE DE FIBRES CERTIFIÉES

Fayard s'engage pour l'environnement en réduisant l'empreinte carbone de ses livres. Celle de cet exemplaire est de :
0,600 kg éq. CO_2
Rendez-vous sur www.fayard-durable.fr

Imprimé en France
Dépôt légal : septembre 2015 – N° d'impression : 3013935
14-0002 -3/02